地方电力立法研究

Research on Local Electric Power Legislation

王学棉　王书生　王重阳◎著

中国政法大学出版社

2019·北京

声　明　1. 版权所有，侵权必究。

　　　　2. 如有缺页、倒装问题，由出版社负责退换。

图书在版编目（CIP）数据

地方电力立法研究/王学棉等著. —北京：中国政法大学出版社，2019. 10
ISBN 978-7-5620-9255-1

Ⅰ. ①地…　Ⅱ. ①王…　Ⅲ. ①电力法－地方法规－立法－研究－中国
Ⅳ. ①D927. 021. 814

中国版本图书馆CIP数据核字(2019)第230515号

出 版 者　中国政法大学出版社

地　　址　北京市海淀区西土城路25号

邮寄地址　北京100088信箱8034分箱　邮编100088

网　　址　http://www.cuplpress.com (网络实名：中国政法大学出版社)

电　　话　010-58908289(编辑部) 58908334(邮购部)

承　　印　固安华明印业有限公司

开　　本　880mm×1230mm　1/32

印　　张　7.5

字　　数　160千字

版　　次　2019年10月第1版

印　　次　2019年10月第1次印刷

定　　价　49.00元

电力法学研究之艰难

（代前言）

本书是在我主持的北京市哲学社会科学基金项目成果《“十二五”期间北京地方电力立法研究》基础上修改而成。课题组成员就是本书的三位作者。该项目已于2011年结题，顺利通过了北京市哲学社会科学规划办公室的验收。这也是我与他人合作出版的第一部有关电力法方面的研究专著。我从1997年开始在华北电力大学工作，至本书出版之时已过去了22年之久，不少读者都可能觉得很奇怪，你在电力大学这么多年不研究电力法，在干什么呢，莫非天天在混日子?

说混日子实在是冤枉我了，说我没有倾全力去研究电力法倒是有一定合理之处，因为我确实有很长时间不研究电力法。按理说，研究什么是每个研究者的学术自由，全由自己决定，他人无权干涉，而且也不能说我在华北电力大学工作我就必须研究电力法。不过，进入学术圈后，研究什么真不是完全取决于自己的学术兴趣，而是受很多因素影响，如学校的定位、社会需求、职称评聘条件、文章发表难易等。法学研究从其研究对象来看可以分为主流法学研究和特色法学研究。所谓主流法学研究是指对基本法律，如民法、民诉、刑法、刑诉、国际公法、国际私法等的研究。由于这些法律是学习其他法律的基础，因而所有法学院校都必须开设相应课程，教育部对此也有要求，即所谓的主干课程。主流法学由于历史悠久、理论深厚、领域宽广，需要研究的问题也多，因而吸引了大量的研究人员参与。所谓特色法学研究是对某些仅适用于特定领域的法律，或特定人群法律的研究，前者如能源法学，后者如未成年人法学。特色法学由于涵盖面窄、历史也不长，可供研究的问题也有限，再加上有时还需要专业技术知识，不少院校并不开设特色法学方面的课程，故从事这类法律研究的人员往往较少。对于这种情形，有人可能认为既然从事特色法学研究的人员较少，竞争相对就不会特别激烈，成果发表也会相对容易一些，从事特色法学研究应当是一条康庄大道呀！

实则不然。每个在高校从事学术研究的教师都面临一个评职称的问题，不想当将军的士兵不是一个好士兵，同样，不想当教授的教师不是一个好教师。稍有一点学术抱负和尊严感的教师应该都想评上教授，但要想评教授就得满足各高校设定的评审条件。现各高校出于学科建设和各类排名的需要，都将 CSSCI 论文（发表在中文社会科学引文索引来源刊物的论文）作为评教授必备的条件，也就是说，只有发表了一定数量的 CSSCI 论文才有可能评上教授。但 CSSCI 来源刊物是有限的，能发表的论文数量也是有限，与主流法学相比，即使是直接研究特色法学的基础理论，如能源法学，其成果由于理论性较主流法学要弱，覆盖面较小，影响力很有限，能够发表在此类刊物上的概率比较小。更何况能源法学里面又包括《中华人民共和国电力法》《中华人民共和国煤炭法》《中华人民共和国可再生能源法》《中华人民共和国石油天然气管道保护法》等法律法规，如果研究能源法学里面的某一个具体法律，如电力法，想在 CSSCI 来源刊物上发表论文就更加困难。这就意味着选择特色法学研究，尤其是特色法学中某一个具体法律进行研究的话，很有可能需以放弃教授职称评审作为代价。从这个角度看，选择研究特色法学，尤其是其中某一领域的法律，如电力法学不仅不是一条康庄大道，反而是一条人烟稀少、颇有风险的羊肠小道。实践中，若仅从事特色法学研究极有可能导致最终无法评上教授。

我到华北电力大学工作后，很快发现电力行业对电力法律研究方面的需求旺盛，同时华北电力大学也具备研究电力法律得天独厚的条件，如学校行业性强，深受电力企业信任且合作机会多，技术问题好咨询等。但考虑到学校设定的教授职称条件和未来不断提高评审条件的可能性，我顶住了华北电力大学这些从事电力法律研究优越条件的诱惑，并没有立即从事电力法律的研究，而是到清华大学法学院师从张卫平教授攻读博士学位，从事民事诉讼法学主流研究。从 2000 年到 2013 年之间，我从不研究任何有关电力法律方面的问题，而是一门心思研究主流学科，积极在各种 CSSCI 来源刊物发表论文。期间仅是申报一次北京市哲学社会科学基金项目，即“‘十二五’期间北京地方电力立法研究”，直到 2013 年教授评聘成功之后，我才开始腾出一部分精力出来研究电力法律，逐步发表一些有关电力法律方面的论文。

教授既然评聘成功是不是意味着自此以后我就可以全身心地投身于电力法律的研究呢？也不是。自从教育部启动双一流（即一流院校和一流学科）建设后，华北电力大学获批一流学科建设资格。为完成建设任务，大学又大幅度提高了聘期考核标准。根据新的考核标准，每个教授每年必须在最低一档的 CSSCI 来源刊物发表论文一篇，才能完成大学的考核任务。由此可见，从事特色法学研究并非局外人所想象那么简单。但不管怎样，鉴于行业对电力法律研究的现实需求就在这里，每个人都应该充分发挥自己的研究专长，我自然也不会放弃对电力法律的研究，只是投入的精力多少会随时调整罢了。

本书写作分工如下：王重阳撰写第 1、2 章；王学棉撰写第 3~6 章、第 7 章第 6 节、第 8 章第 4 节、第 9 章；王书生撰写第 7 章第 1~5 节、第 8 章第 1~3 节。全书最后由王学棉统稿。

研究永无止境，我们推出的成果也不能说都一定正确，欢迎读者批评指正。联系方式：xuemianw@ sohu. com。

王学棉

2019 年 1 月

目录 / Contents

第一章 地方电力立法概述

地方电力立法，主要是指省（自治区、直辖市）人大及其常委会和省（自治区、直辖市）人民政府制定的涉及电力的地方性法规和地方政府规章。[1]地方电力立法在大力推进依法治国的时代背景下，作为我国电力法律体系的重要组成部分，取得了令人瞩目的辉煌成就，为电力事业快速健康发展发挥了积极的保障作用。

第一节 地方电力立法的时代背景

一、推进法制建设是历史潮流

改革开放以来，加快推进民主法制建设，已经成为社会共

〔1〕 根据《中华人民共和国立法法》第72条及第82条的规定，省、自治区的人民政府所在地的市、经济特区所在地的市和经国务院批准的较大的市的地方人大及其常委会和地方人民政府也具有相应的地方性法规和地方政府规章的立法权。但出于行文考虑，本章主要围绕省（自治区、直辖市）人大及其常委会和省（自治区、直辖市）人民政府制定的涉及电力的地方性法规和地方政府规章展开。

识和历史潮流。加快立法进程，实施规则之治，是国家长治久安的重要保障。1982 年，国家通过现行《中华人民共和国宪法》，确立了国家的根本制度、根本任务和国家生活的基本原则，为新时期改革开放和社会主义现代化建设提供了根本保障，标志着中国民主法制建设进入了新的历史阶段。1992 年党的“十四大”作出建立社会主义市场经济体制的重大战略决策，明确提出社会主义市场经济体制的建立和完善必须有完备的法制来规范和保障。1997 年，随着社会主义市场经济体制的逐步建立、对外开放水平的不断提高、民主法制建设的深入推进和各项事业的全面发展，为把中国特色社会主义事业全面推向 21 世纪，党的“十五大”确立了“依法治国，建设社会主义法治国家”的基本方略，明确提出到 2010 年形成中国特色社会主义法律体系。2011 年 3 月 10 日，第十一届全国人民代表大会常务委员会委员长吴邦国在第十一届全国人民代表大会第四次会议上郑重宣布：中国特色社会主义法律体系已经形成！

与国家大力推进国家层面各项立法的同时，为保障和促进经济社会发展，地方人大及其常委会和地方人民政府根据宪法和法律规定的立法权限，还制定了大量地方性法规和地方政府规章，为促进中国社会主义民主法制建设，推动中国特色社会主义法律体系形成，发挥了重要作用。1979 年 7 月 1 日，第五届全国人民代表大会第二次会议通过的《中华人民共和国地方各级人民代表大会和地方各级人民政府组织法》，赋予省（自治区、直辖市）人大及其常委会制定地方性法规的权力，这是我国立法体制的重大改革。1979 年 11 月 29 日，新疆维吾尔自治区第五届人民代表大会常务委员会第二次会议通过了《新疆维吾尔自治区人民政府关于加强集市贸易管理的布告》，这是全国省级人大常委会首次地方立法实践，标志着地方立法的破冰启航![1]《中国特色社会主义法律体系》白皮书中指出，地方人大及其常委会积极行使地方立法职权，从地方经济社会发展实际出发，制定了大量地方性法规，对保证宪法、法律和行政法规在本行政区域内的有效实施，促进改革开放和社会主义现代化建设，发挥了重要作用。

新中国成立以来，特别是改革开放 40 多年来，在举国上下共同推进法制建设的征程中，中国的立法工作取得了举世瞩目的成就。截至 2018 年 8 月底，中国已制定现行宪法和有效法律共 252 部、行政法规 706 部、地方性法规 8600 多部，涵盖社会关系各个方面的法律部门已经齐全，各个法律部门中基本的、主要的法律已经制定，相应的行政法规和地方性法规比较完备，法律体系内部总体做到科学和谐统一，中国特色社会主义法律体系已经形成。[2]

二、保障电力发展是现实需要

电力工业是国民经济发展的重要能源产业，也是关系国计

---

〔1〕 毛磊：《灿烂的业绩——地方人大立法三十年回眸》，载《人民日报》2009 年 6 月 17 日，第 14 版。

〔2〕 中华人民共和国国务院新闻办公室：《中国特色社会主义法律体系》白皮书（2011 年 10 月 27 日），载 http：//www. scio. gov. cn/ztk/dtzt/62/3/Document/1035422/1035422. htm，最后访问日期：2019 年 4 月 19 日。

民生的基础性行业，现代社会基本上是围绕着电能的开发与利用发展繁荣起来的。可以说，电力已经成为现代社会继阳光、空气和水之后的第四必需品。作为一种先进的生产力，电力对促进经济发展和社会进步起到了至关重要的作用。“社会要发展，电力必先行”，加快电气化进程是近代以来国家追求的宏伟目标。据统计，1949 年新中国成立初期，我国电力装机只有 173 万千瓦，1978 年改革开放初期发展到 5800 万千瓦，1987 年突破 1 亿千瓦，2000 年突破 3 亿千瓦。从 2002 年开始，在市场需求和体制创新的推动下，电力工业实现了跨越式发展。根据国家电力监督管理委员会（2013 年被并入国家能源局）和国家能源局发布数据显示，截至 2012 年底，中国电力装机达 11.4 亿千瓦、220 千伏及以上输电线路回路长度达 47.79 万千米，中国电源装机和电网规模已跃居世界第一，其中，水电装机、风电装机以及核电在建规模均居世界第一，这标志着我国已经成为世界第一能源生产大国。[1]

庞大的电力生产、输送和消费规模，密集的电力技术经济，复杂的产业链条，关系国计民生的公用行业特性，电力立法必然成为地方政府不能忽视的重点领域。三十多年的地方电力立法历程，基本上就是电力工业发展和电力体制改革的演进轨迹。1985 年 11 月发布实施的《安徽省集资办电办法》等地方性法规反映了电力发展中迫切需要解决的资金来源或筹措问题，1991

〔1〕 雷敏：《国家能源局：我国已成为世界第一能源生产大国》，载 http://business.sohu.com/20130109/n362952383.shtml，最后访问日期：2018 年 12 月 16 日。

年3月发布的《吉林省人民政府关于违反〈电力设施保护条例〉行政处罚的若干规定》开启了地方电力设施保护的立法先河，也拉开了地方电力立法的大幕。随后，《河南省节约用电管理办法》（1994年9月发布）、《上海市城市电网建设和供电用电管理暂行规定》（1995年3月发布）、《江苏省农村电价管理暂行办法》（1998年2月发布）、《江西省反窃电办法》（1999年10月发布）、《云南省供用电条例》（2004年3月发布）、《四川省承装（修、试）电力设施许可试行办法》（2006年10月发布）、《天津市重要用户供用电安全管理办法》（2007年7月发布）等地方性法规或地方政府规章相继出台[1]，在某一领域引领了地方电力立法的时代潮流。虽然有些早期的立法已经废止或修改，但在特殊时期，这些地方立法在电力建设资金筹集，电力设施保护，安全用电、节约用电、计划用电的“三电”管理，电网建设，农村电价管理，供用电秩序维护，窃电预防与规制，电力行政许可等方面发挥了重大的规范、促进和保障作用。

三、地方先行先试是稳妥经验

法律法规是规范性文件，具有高度抽象性和概括性，调整普遍或特定的人和事，在同样的情况和条件下反复适用。科学稳妥是法律法规制定的内在要求，“成熟一个、制定一个”曾是指导立法的重要方针。国家立法涉及面广，覆盖区域大，稍有

〔1〕参见华北电力大学电力立法研究中心编：《地方电力法规规章选编》，中国电力出版社2013年版。地方电力立法文本和数据主要参照本书制作，下同。

不慎就可能造成全国范围内的消极影响。因此，通过地方立法先行先试，总结经验和不足，逐步加以改进和完善，是稳妥推进国家法制建设的可行做法。

地方人大立法是我国社会主义立法体系的重要组成部分，地方立法具有较大的权限和范围，可以就执行法律、行政法规的规定和属于地方性事务的事项作出规定，同时除只能由全国人大及其常委会制定法律的事项外，对其他事项国家尚未制定法律或者行政法规的，也可以先制定地方性法规。加上地方政府规章，立法的权限和范围还要广泛。地方立法在中国特色社会主义法律体系中具有重要地位，是对法律、行政法规的细化和补充，是国家立法的延伸和完善，实践充分表明，地方立法作为国家立法的必要补充，起到了重要作用。它不但适应了各地经济、文化、社会等方面的需要，也为国家立法积累了许多宝贵的实践经验。[1]

在国家层面，电力立法虽然初具规模，但相对原则和抽象，操作起来具有一定难度，况且，在特高压电力设施保护、电网建设杆塔用地、预付费用电方式、供用电秩序维护、预防和查处窃电等方面，迫切需要地方电力立法先行一步，为国家电力立法或法律法规修改完善积累经验和实践素材。

四、电网企业推动是重要因素

国家立法的推动有两种模式：一是社会推动型立法；二是

---

〔1〕 徐向华：《中国立法关系论》，浙江人民出版社 1999 年版，第 41~54 页。

国家推动型立法。[1] 地方立法也基本是这两种模式，社会推动或政府推动。地方电力立法，既有社会推动，也有政府推动，但多数情况下是电网企业从电力事业法律保障角度自发推动制定相关电力立法的。在 1997 年国家电力公司成立前，电力部门本身就属于国家行政机关，因此地方电力立法均属于政府推动型的立法。此后，政企分开，在国家电力公司和国家电网公司及其分公司、子公司推动下的电力立法，逐渐增多。因为立法主要涉及政府行政机关权限职责的划分、调整或确认，加上电力法又属于经济法范畴，政府部门在法规规章中的作用和角色至关重要，否则就可能在立法后出现行政执法主体"缺位"的情形，立法的社会效果就会大打折扣。所以，虽然电网企业在立法推动中发挥了重要作用，但地方电力立法的主导者仍是政府的电力管理部门。

现实中，由于电力管理体制、供用电关系发生了很大变化，原有的电力法律、行政法规出台时间普遍较早，有关规定与现实情况出现脱节，如何应对电力发展中出现的电力行政执法缺位、涉电案件无法查处、供电企业电费损失风险大等新情况、新问题，在现有法律、行政法规中均找不到相应的法律依据；电力使用和供应管理尚不规范，违法用电、违章用电的现象较为普遍，拖欠电费、窃电的违法行为十分突出，电力供应服务还不能完全满足用户和社会日益增长的需要。种种违规违章用

[1] 布小林：《立法的社会过程——对草原法案例的分析与思考》，中国社会科学出版社 2007 年版，第 18~22 页。

电、破坏电力设施的行为，还有供电质量、供电的稳定性，以及用户权益的保障等，都需要尽快建立适合地方经济发展和实际需求的法律体系。随着电力设施建设步伐和城市化进程的不断加快，在电力设施建设、保护与其他设施建设方面遇到的矛盾和问题日益增多。随着电力事业的快速发展，影响电网安全稳定运行和电能供应的现象也日益突出。为维护供用电秩序，保障供用电双方的合法权益，迫切需要通过立法进行规范。

电网企业推动地方电力立法，主要是从电网规划和建设、电网安全运行、供用电秩序维护、电力设施保护、预防和查处窃电等方面考虑，是国有企业运营发展的自身需要和内在要求。作为服务地方经济社会发展的电力企业，自身也有着繁重的电网建设、电网安全以及查处窃电等管理任务，通过立法方式解决电网企业在规划建设和运行管理中的种种难题，借助行政权力规范和保障地方电力事业发展，当前由于国家电力立法相对滞后，直接影响了电网建设发展的速度和质量，电网设施不能得到有效保护，严重影响电网安全发展，迫切需要地方人大立法保护电网设施和建设工作。电网企业通过积极配合政府、人大以及社会专家，协助做好地方电力立法的起草、修改、论证，积极履行企业社会责任，为地方经济社会发展做出积极贡献。

第二节　地方电力立法的现实状况

一、地方电力立法的基本情况

根据统计，截至2018年12月31日，全国地方电力立法共有88部，其中，现行有效地方电力立法71部，占全部立法的80.68%；废止失效地方电力立法17部，占全部立法的19.32%；已被修改的地方电力立法23部，其中《天津市电力设施保护管理办法》转为《天津市电力设施保护条例》、《山西省实施〈电力设施保护条例〉办法》转为《山西省电力设施保护条例》，二者均从地方政府规章转变为地方性法规，不属于本书统计意义上的修改），占全部立法的32.39%。在修改的地方电力立法中，修改1次的占14部，占修改总数的60.87%；修改2次的占7部，占修改总数的30.43%；修改3次的占2部，占修改总数的8.70%。地方电力立法与经济社会发展同步，立、改、废同时进行，反映了地方电力立法与时俱进的特点。

二、地方电力立法的总体特征

在法规与规章的比重上，所有88部地方电力立法中，地方政府规章50部（比2012年增加2部），占56.82%；地方性法规38部（比2012年增加6部），占43.18%；二者总体比例为1.32∶1。现行有效的71部立法中，地方政府规章34部，占

47.89%；地方性法规37部，占52.11%；二者比例为1∶1.09，因为早期地方电力政府规章废止失效，加上后期地方性法规比重加大，在现行有效的地方电力立法中，规章和法规在数量上大致平分秋色。从年限上看，1995年前的10余年期间，地方电力立法全部为地方政府规章，2000年以后，地方电力立法中，各年通过的地方性法规比重逐渐超过了地方政府规章。

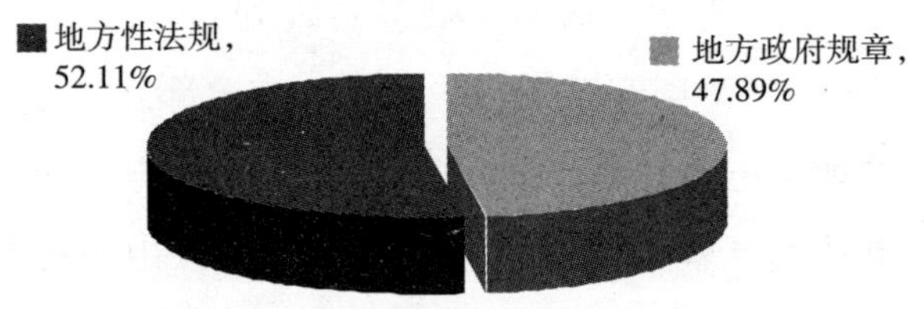

图1　现行有效地方电力立法比重图

在结构体例上，所有88部地方电力立法中，单纯就某一领域做出的单一性规定的地方电力立法有75部；占总数的85.23%，在两个及以上领域做出综合性规定的地方电力立法有13部，14.77%，二者之比为5.77∶1。在50部地方政府规章中，综合性规章2部，占4.00%，单一性规章48部，占96.00%；地方性法规38部中，综合性法规有11部，占28.95%，单一性法规27部，占71.05%。现行有效的71部地方电力立法中，单一性立法58部，占81.69%；综合性立法13部，占18.31%。总体来看，单一性地方立法比重明显占优，综合性地方电力立法中，地方性法规明显高于地方政府规章。

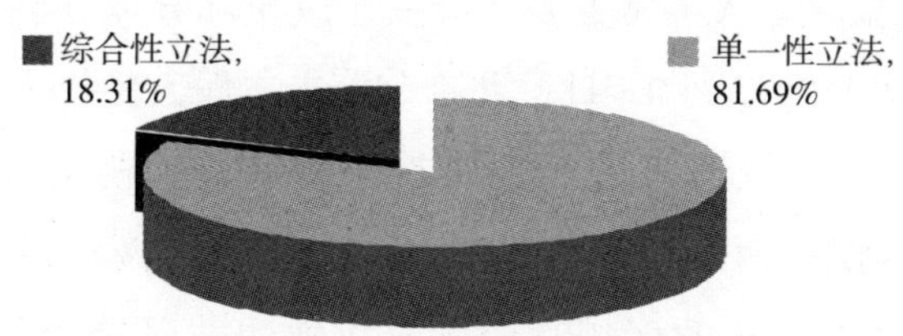

图 2　单一性/综合性地方电力立法结构图

在立法内容上，1994 年前的地方电力立法，内容集中在集资办电、节约用电等两个方面，主要和当时办电资金不足、各地电力紧缺的社会环境有关，通过地方电力立法开源节流，缓解严重紧张的缺电局面。1995 年至 1999 年期间的地方电力立法，内容集中在电力设施保护、农村电价管理等方面，前者主要为贯彻实施 1987 年国务院《电力设施保护条例》，后者则和 1998 年开始的农村电网改造、“两改一同价”等重大事项有关。1999 年至 2006 年期间，地方电力立法主要集中在窃电行为的查处和预防方面。2006 年至 2018 年期间，则主要集中在电网建设、供用电秩序维护等领域。

在立法地域上，迄今为止，全国各省（自治区、直辖市）均有过地方电力立法。1997 年 11 月 12 日，西藏自治区第六届人民代表大会常务委员会第二十七次会议通过关于废止《西藏自治区电力设施保护办法》的决定后，1989 年 9 月 25 日，西藏自治区第五届人民代表大会常务委员会第六次会议通过的《西藏自治区电力设施保护办法》被废止；2016 年 11 月 25 日，北京市第十四届人民代表大会常务委员会第三十一次会议通过《北京市人民代表大会常务委员会关于废止部分地方性法规的决定》后，2003年7月18日，北京市第十二届人民代表大会常务委员会第五次会议通过的《北京市预防和查处窃电行为条例》被废止。因此，西藏、北京成为目前大陆地区两个没有现行有效的地方电力立法的区域。地方电力立法数量较少的为重庆、陕西等地，有1部；最多的为广西，有6部；多数省份（自治区、直辖市）有2~3部。从东部（北京、天津、河北、辽宁、上海、江苏、浙江、福建、山东、广东和海南）、中部（山西、吉林、黑龙江、安徽、江西、河南、湖北、湖南）、西部（四川、重庆、贵州、云南、西藏、陕西、甘肃、青海、宁夏、新疆、广西、内蒙古）来看，东部共有地方电力立法31部，东部各省（自治区、直辖市）平均2.82部；中部共有地方电力立法23部，中部各省（直辖市、自治区）平均2.88部；西部共有地方电力立法34部，西部各省（直辖市、自治区）平均2.83部。在地方电力立法绝对数量上，东、中、西三部之间的比例为1.35∶1∶1.48；在各省（自治区、直辖市）平均数量上，东、中、西三部之间的比例为1∶1.021∶1.004。因此，从地域特点来看，在地方电力立法成就上，略微呈现了中西部均数较高、东部均数偏低的趋势，看来地方电力立法与经济发展水平为并无必然对应关系，也可能与经济发达地区人们民主法治意识较强、地方政府和人大对待地方电力立法更为谨慎的态度有关。

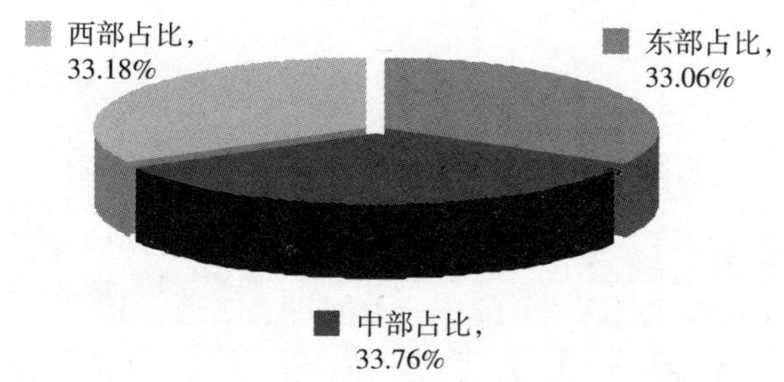

图3　东/中/西部各省平均立法数量结构图

在立法年份上，除1992年和2018年外，自1985年至2018年间，全国各省（自治区、直辖市）每年均有地方电力立法通过和实施，2018年没有地方电力立法项目，可能和此前绝大部分地区已经完成相关立法项目有关。1985年和1986两年，各有1部地方电力立法，此后各年呈现逐渐增多趋势，1989年、1995年、1999年和2007年，是各时期地方电力立法颁布的高峰，分别达到了3部、4部、5部和10部，尤其是2007年，黑龙江、陕西、天津、安徽、青海、云南、江苏、吉林和广西等地通过了预防和查处窃电、电力设施保护、电能保护、供用电秩序、重要用户供用电安全管理等方面的地方电力立法，可以说是地方电力立法的顶峰年份，这恐怕是10~20年内都难以逾越的立法高峰。

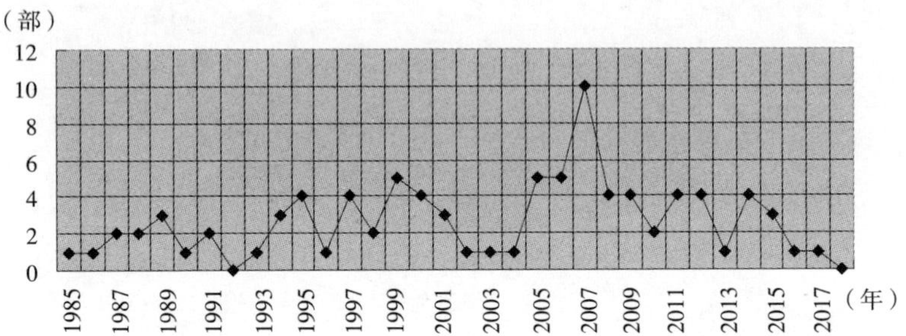

图 4　1985—2017 年各省（自治区、直辖市）电力立法项目数对比

第二章 地方电力立法的突破与发展趋势

第一节 地方电力立法的突破

一、率先确立特高压电力设施保护区

2009年1月，我国首条全长654千米、途径晋豫鄂三省的特高压输电工程——“1000千伏晋东南—南阳—荆门特高压交流试验示范工程”正式投运。这是目前世界上运行电压最高、技术水平最先进、拥有完全自主知识产权的交流输电工程，是世界电力发展史上的重要里程碑。此后，特高压电网建设在我国深入推进。根据规划，2015年“三华”特高压电网将形成“三纵三横一环网”，届时，锡盟、蒙西、张北、陕北能源基地通过3个纵向特高压交流通道向“三华”送电，北部煤电、西南水电通过3个横向特高压交流通道向华北、华中和长三角特高压环网送电。此外，“十二五”规划以来，配合西南水电、西北华北煤电和风电基地开发，已经建成包括锦屏—江苏、溪洛

渡—浙江、哈密—河南等在内的多项特高压直流输电工程。遗憾的是，对于特高压这一新生事物，相关的法律法规却迟迟未出台，早年颁布实施的《电力设施保护条例》显得捉襟见肘。

2011 年 9 月 29 日，湖北省第十一届人民代表大会常务委员会第二十六次会议通过了《湖北省电力设施建设与保护条例》，对业界关心的特高压线路安全问题，该条例第 24 条第 2 款明确规定，800 千伏、1000 千伏电力线路保护区为导线边线向外侧水平延伸 30 米并垂直于地面所形成的两平行面内的区域。在国家层面立法尚未突破的情况下，率先在地方性法规中对“特高压线路保护区”作出明确规定，这是首次通过地方电力立法为特高压工程运营提供保障，有效填补了“特高压线路保护区”的立法空白，具有重要的法律意义。

二、架空线路走廊不征地获得立法认可

架空线路是电网运行的骨架，也是经济社会发展的大动脉，但架空输电线路建设的用地问题一直存在各种声音，给正常的电网建设造成了很多障碍。在实践中，各地政府部门在文件中做了很多规定，有的明确“架空输电线路走廊和杆塔基础不实行征地”，有的却不置可否，但实际也执行不征地的操作政策，有的则规定架空线路走廊不征地但杆塔基础要征地。由于各地规定不一，在实践操作中，电网建设和拆迁补偿遭遇各种问题，也给电网后续维护和安全运行埋下隐患。

2007 年 11 月 30 日，江苏省第十届人民代表大会常务委员

会第三十三次会议通过了《江苏省电力保护条例》，该条例第 6 条规定“架空电力线路走廊（包括杆、塔基础）和地下电缆通道建设不实行征地，电力建设单位应当对杆、塔基础用地的土地承包经营权人或者建设用地使用权人给予一次性经济补偿”，然而，其他各省对“架空输电线路走廊是否实行征地”还存在较大争议。2009 年 4 月，在《黑龙江省电力设施建设与保护条例》制定过程中也存在这个问题，尽管该条例第 13 条规定“架空输电线路走廊和地下电力电缆通道建设不实行征地”，但疑问仍未根本解决。为此，2011 年 4 月 20 日，黑龙江省人大常委会法制工作委员会专门就此问题请示全国人大常委会法制工作委员会。2011 年 6 月 3 日，全国人大常委会法制工作委员会在《对黑龙江省人大法工委关于地方性法规中规定架空输电线路走廊不实行征地是否违法请示的答复意见》（法工办发〔2011〕128 号）中明确：你委 2011 年 4 月 20 日关于地方性法规中规定架空输电线路走廊不实行征地是否违法的请示（黑人大法工委函〔2011〕19 号）收悉。经研究认为，地方性法规根据土地管理法、森林法等相关法律规定，可以规定架空输电线路走廊不实行征地；对因保护架空输电线路走廊，给有关当事人合法权益造成损失的，应当依法给予补偿。这在立法上解决了这一旷日持久的争议问题。2012 年 11 月 28 日，甘肃省第十一届人民代表大会常务委员会第三十次会议通过《甘肃省电网建设与保护条例》，该条例第 17 条规定“架空输、配电线路走廊、杆塔基础和地下电缆通道建设不实行征地”，进一步解决了电力建设通道的争议问题。

三、新型窃电行为得到地方电力立法规制

1996年4月17日，国务院发布《电力供应与使用条例》（该条例后经2016年、2019年两次修订），该条例第31条规定了在供电企业的供电设施上，擅自接线用电；绕越供电企业的用电计量装置用电；伪造或者开启法定的或者授权的计量检定机构加封的用电计量装置封印用电；故意损坏供电企业用电计量装置；故意使供电企业的用电计量装置计量不准或者失效；采用其他方法窃电6种窃电行为。《供电营业规则》也对窃电量的认定进行了明确规定，但随着社会的发展，高科技窃电等新型窃电方式越来越多，国家层面立法显得有些滞后。

1999年10月23日，江西省第九届人民代表大会常务委员会第十二次会议通过《江西省反窃电办法》，这是我国第一部专门规制窃电行为的地方性法规，对预防和查处窃电行为，维护供用电秩序、保障电网安全运行发挥了重要作用。截至2012年底，全国共有14个省（自治区、直辖市）通过了规制窃电行为的地方电力立法。2012年11月30日，江西省第十一届人民代表大会常务委员会第三十四次会议，对我国第一部反窃电地方电力立法《江西省反窃电办法》进行了修改，窃电类型增加为：在供电企业或者其他单位、个人的供电、用电设施上，擅自接线用电的；绕越法定的用电计量装置用电的；伪造或者擅自开启法定的用电计量装置封印用电的；故意损坏法定的用电计量

装置，或者故意使法定的用电计量装置计量不准或者失效的；使用窃电装置的；使用非法用电充值卡或者非法使用用电充值卡的；采用其他方式窃电的。新型窃电方法得到地方电力立法的规制。

四、新型用电问题得到地方电力立法确认

预付费电能表等新型用电问题，是近些年智能电网技术发展后，逐渐推广使用的。作为新型用电问题，在缴费方式、用电顺序、欠费停电以及反窃电等方面，与传统供用电管理存在很大区别，电力营销中曾出现过各种纠纷，国家法律法规对相关问题尚无明确规定，对此国家经贸委在《关于安装负控计量装置供用电有关问题的复函》（国经贸厅电力函〔2002〕478号）中指出用电人先付费、供电人后供电是近年出现的一种新型供用电方式。采用此种方式供用电不违反法律、法规的规定，但须经供用电双方协商一致。现行相关法律、法规和规章对于用电人先付费、供电人后供电的供用电方式及有关问题没有作出具体规定，此种方式下供用电双方的权利和义务可由双方当事人在供用电合同中具体约定。

2004 年 3 月 26 日，云南省第十届人民代表大会常务委员会第八次会议审议通过了《云南省供用电条例》，这是我国第一部专门规范供用电关系的地方性法规，该条例第 28 条对“预付费计量装置”作了立法确认，对推广新型用电方式起到了保障作用。2006 年 7 月 28 日，甘肃省第十届人民代表大会常务委员会

第二十三次会议通过了《甘肃省供用电条例》，该条例第 31 条规定“将预购电费卡非法充值后用电的”视为窃电，对新型用电的窃电问题进行了立法规制。2007 年 7 月 18 日，天津市第十四届人民代表大会常务委员会第三十八次会议通过了《天津市供电用电条例》，该条例第 26 条明确规定了用户应当按照国家批准的电价和用电计量装置记录的用电量交付电费。交付电费可以采取抄表付费、预付电费和预购电等方式，交付电费的期限和办法按照合同的约定执行。在国家相关法律法规没有作出具体规定前，这些地方电力立法先行一步，率先对新型用电问题进行立法确定，显得迫切而又必要。

第二节　地方电力立法的发展趋势

一、地方性法规将成为立法的优选模式

无论从全国地方电力立法总量来看，抑或现有各地电力立法成果分析，未来地方电力立法的发展趋势主要有三个方面：一是在模式上“转型升级”，即总结先前地方政府规章在运用中的经验教训，转型升级为地方性法规；二是在内容上“查漏补缺”，即比照其他各省立法成果，在反窃电、电网建设、供用电秩序维护、重要用户安全管理等领域查漏补缺；三是在形式上“重修轻立”，大干快上的立法时代已经过去，在后立法时代各地更多会通过“重修轻立”推陈出新，借助“修改”达到“新

立”的目的。三者综合考虑，地方性法规将成为地方电力立法的优选模式。其实，自 2000 年以来的 48 部地方电力立法中，地方性法规就占了 30 部，比例高达 62.5%，从实证角度反映了地方电力立法的类型或者模式偏好。

地方性法规的司法化也会进一步促使各地今后优先选择地方性法规。2009 年 7 月 13 日，最高人民法院审判委员会第 1470 次会议通过《最高人民法院关于裁判文书引用法律、法规等规范性法律文件的规定》（法释〔2009〕14 号），该司法解释第 3~5 条明确规定，刑事附带民事诉讼裁判文书、民事裁判文书、行政裁判文书等可以直接引用地方性法规。地方性电力法规可以在司法实践中运用，意味着法规调整、规范和保护电力法律关系会更加直接，对保障电力事业发展具有重要意义，这也会成为地方电力立法模式选择或者类型取向的重要因素。

二、精细体系将成为立法的追求目标

立法的目的是能给行为提供参照，为纠纷提供解决依据，但在追求速度的立法时代，法律可操作性问题就容易被搁置一边，精细化、体系化更是无从谈起。地方电力立法也存在这样的情况。当然，在前期地方电力立法中，没有丰富的实践做支撑，也没有成熟的经验可供借鉴，政策宣示性的条款多一些，可操作性差的条款多一些，这也是开天辟地进行立法难免存在的共性问题。但是，立法毕竟不同于政策性文件，立法需要精细化、体系化、可操作，以此获得地方电力立法长久的生命活力。

迄今为止，地方电力立法已经走过了30多年，从东部沿海到西部腹地，各个地区已经积累了丰富的实践经验；从电网规划到电力营销，各个环节的问题也都得到了充分认识；从电力设施保护到预防和查处窃电，重要领域的电力立法已经基本涵盖；加上法规司法化对地方电力立法可操作性的期待与要求，这些都要求新的电力立法必须在质量上狠下功夫，做到实用、管用、好用。2007年11月30日，江苏省第十届人民代表大会常务委员会第三十三次会议通过《江苏省电力保护条例》，内容包括电力建设保护、电力设施保护和电能保护等三个领域，是一部在综合吸收江苏省内外经验基础上制定的较为精细和体系的综合性地方电力法规。所以，精细化、体系化和可操作是未来地方电力立法的追求目标。

三、与时俱“修”将成为立法的基本要求

早在2011年初，以法律为主干，包括行政法规、地方性法规等规范性文件在内的，由7个法律部门、3个层次法律规范构成的中国特色社会主义法律体系已经形成。据统计，到2018年底中国已制定现行有效法律252部、行政法规706部、地方性法规8600多部。根据时代变化和实践要求，在后立法时代，立法的重点将转向法规的清理和修改，与时俱“修”将成为立法的基本要求。

从立法架构和总体数量上看，我国地方电力立法已经初具

规模，电网建设、电力设施保护、供用电秩序等重点领域和关键环节，至少在形式上已经实现了“有法可依”，进入后立法时代。后立法时代，更多的是法规规章的实施应用和修改完善，在既有基础上不断添加新内容，而非动辄另起炉灶、另立新法。因此，各地根据实际情况，相互借鉴，取长补短，不断完善立法内容，提高立法质量，在地方电力立法修改中及时回应电力工业健康发展的法律需求，不断解决电网发展中遇到的新矛盾、新问题，为电力事业发展创造良好的社会和法制环境。

四、总体放缓将成为立法的未来态势

经过多年的积累和发展，地方电力立法取得了显著成绩。2007 年，全国各省（自治区、直辖市）全年共通过 10 部电力立法，是近年来地方电力立法的蓬勃发展的精彩缩影，也是地方电力立法的最高峰。虽然此后多年，电力立法仍以每年 2～4 部的速度推进，但 2007 年的“尖峰时刻”必将成为历史记忆。从趋势上判断，全国今后若干年内，总体放缓将成为地方电力立法未来的发展态势。

造成地方电力立法总体放缓的因素主要有：一是电力体制改革仍在缓慢推进，政府相关部门在电力管理权限上相互提防，借助立法相互牵制对方，导致地方电力立法推进缓慢；二是民众法治意识显著增强，对待地方电力立法尚有疑虑，地方人大和政府对自然垄断企业促动电力立法更加敏感和谨慎；三是政府通过立法调整和管理社会的意识越来越强，越来越清楚地认识到立法资源属于稀缺资源，需要向更为紧急和必要的领域配置；四是现有地方电力立法已经初具规模，“以修代立”、以用为主的态度也会导致新法出台趋势放缓。

第三章

地方电力立法技术考察

第一节　地方电力立法的内容

现行《中华人民共和国电力法》（以下简称《电力法》）由1995年12月28日第八届全国人民代表大会常务委员会第十七次会议通过，自1996年4月1日起施行。[1]其内容包括第一章总则、第二章电力建设、第三章电力生产与电网管理、第四章电力供应与使用、第五章电价与电费、第六章农村电力建设和农业用电、第七章电力设施保护、第八章监督检查、第九章法律责任和第十章附则。由于我国立法向来奉行宜粗不宜细的精

〔1〕 后于2009年、2015年、2018年进行了三次小幅修改。2009年8月27日第十一届全国人民代表大会常务委员会第十次会议通过的《全国人民代表大会常务委员会关于修改部分法律的决定》将《中华人民共和国电力法》第16条中的“征用”修改为“征收”；2015年4月24日第十二届全国人民代表大会常务委员会第十四次会议通过的《全国人民代表大会常务委员会关于修改〈中华人民共和国电力法〉等六部法律的决定》删去第25条第3款中的“供电营业机构持《供电营业许可证》向工商行政管理部门申请领取营业执照，方可营业”。

神，法律的可操作性一般都较差，《电力法》也不例外，尤其是第四章电力供应与使用和第七章电力设施保护，完全无法满足实践对可操作性极高之要求。对此的常见补救办法就是制定更为细化的法律或法规。为此，国务院于1987年9月15日颁布了《电力设施保护条例》[1]，于1996年颁布了《电力供应与使用条例》[2]。由于《电力设施保护条例》仍不能满足实践需要，能源部、公安部于1992年12月2日批准发布了《电力设施保护条例实施细则》[3]。虽然《电力供应与使用条例》第31条规定了禁止窃电行为，并对窃电行为的种类作了列举，但并没有规定如何预防和查处窃电，不足以解决实践中日益严重的窃电行为。相应地，电力设施保护与预防查处窃电也就成了地方电力立法的重头戏。还有一些地方根据自身情况，对其他内容也进行了立法，如农村电价、电网建设等。对于上述内容，有的单独立法，有的将两个或三个内容合并在一起立法，不一而足。

为直观起见，对于地方电力立法的内容及其组合情形列表如下：

---

〔1〕 该条例后于1998年、2011年进行了两次修改。

〔2〕 该条例后于2016年、2019年进行了两次修改。

〔3〕 该细则现已失效。

序　号	地方电力立法内容	省、市、自治区制定的相应立法
1	电力设施保护	《天津市电力设施保护管理办法》
		《河北省实施〈电力设施保护条例〉办法》
		《山西省实施〈电力设施保护条例〉办法》
		《内蒙古自治区电力设施保护条例》
		《江苏省〈电力设施保护条例〉实施办法》
		《福建省电力设施保护办法》
		《辽宁省电力设施保护条例》
		《浙江省电力设施保护办法》
		《福建省电力设施保护办法》
		《吉林省电力设施保护条例》
		《黑龙江省电力设施保护办法》
		《湖北省电力设施保护实施办法》(现已失效)
		《湖南省实施〈电力设施保护条例〉办法》
		《江西省电力设施保护办法》
		《广西壮族自治区电力设施保护办法》
		《宁夏回族自治区电力设施保护条例》
		《新疆维吾尔自治区电力设施保护办法》
		《青海省电力设施保护办法》
		《四川省电力设施保护实施办法》
		《云南省电力设施保护条例》
		《贵州省电力设施保护办法》

续表

序　号	地方电力立法内容	省、市、自治区制定的相应立法
2	窃　电	《北京市预防和查处窃电行为条例》（现已失效）
		《山西省预防和查处窃电行为办法》
		《内蒙古自治区预防和查处窃电行为条例》
		《辽宁省反窃电条例》
		《吉林省反窃电条例》
		《黑龙江省反窃电条例》
		《湖北省预防和查处窃电行为条例》
		《江西省反窃电办法》
		《广西壮族自治区预防和查处窃电行为条例》
		《宁夏回族自治区反窃电办法》
		《新疆维吾尔自治区反窃电办法》
		《四川省反窃电管理办法》
		《云南省查处窃电行为条例》
		《贵州省反窃电条例》
3	电力设施保护与电能保护（含窃电）	《山东省电力设施和电能保护条例》
		《安徽省电力设施和电能保护条例》
		《陕西省电力设施和电能保护条例》
4	供用电	《天津市供电用电条例》
		《天津市重要用户供用电安全管理办法》
		《河南省供用电条例》
		《广西壮族自治区供电用电办法》
		《宁夏回族自治区供用电条例》
		《青海省供用电条例》
		《甘肃省供用电条例》
		《云南省供用电条例》
		《重庆市供用电条例》

续表

序号	地方电力立法内容	省、市、自治区制定的相应立法
5	电力设施保护与供用电秩序	《湖南省电力设施保护和供用电秩序维护条例》
		《上海市保护电力设施和维护用电秩序规定》
6	电力建设	《上海市加快电网建设若干规定》(现已失效)
		《湖南省电力建设若干规定》
		《广东省电力建设若干规定》
		《福建省电网建设若干规定》
7	电力建设与电力设施保护	《海南省电力建设与保护条例》
		《黑龙江省电力设施建设与保护条例》
		《甘肃省电网建设与保护条例》
8	电力建设、电力设施、电能保护	《江苏省电力保护条例》
9	农村电价	《河北省农村电价管理办法》（现已失效）
		《江苏省农村电价管理暂行办法》

第二节　地方电力立法的制定主体

《中华人民共和国立法法》（以下简称《立法法》）第 72 条第 1 款规定："省、自治区、直辖市的人民代表大会及其常务委员会根据本行政区域的具体情况和实际需要，在不同宪法、法律、行政法规相抵触的前提下，可以制定地方性法规。"第 82 条第 1 款规定："省、自治区、直辖市和设区的市、自治州的人民政府，可以根据法律、行政法规和本省、自治区、直辖市的地方性法规，制定规章。"前者本书称为地方性法规，后者称为地方性政府规章。根据前述规定，从全国各地方的地方电力立法实践来看，地方电力规范的制定主体包括以下几类：

第一类是由省、自治区、直辖市人大常委会制定，如《江苏省电力保护条例》《山东省电力设施和电能保护条例》《上海市保护电力设施和维护用电秩序规定》。

第二类是由省、自治区、直辖市人民政府制定，如天津市人民政府制定的《天津市电力设施保护管理办法》、山西省人民政府制定的《山西省预防和查处窃电行为办法》等。

由于有的省人大常委会或省人民政府没有制定相应的地方性电力规范，下面一些设区的市便自行制定，因而第三类是由设区的市人大常委会制定，如《汕头市电力设施建设与保护条例》（2016 年）、《中山市电力设施保护条例》（2017 年）、《济南市电力管理条例》（2011 年）。有些省如辽宁省虽然已经制定了《辽宁省电力设施保护条例》，但该省的本溪市人大常委会又制定了《本溪市电力设施保护条例》（2010 年）。

第四类是由设区的市人民政府制定。如深圳市政府 2005 年制定的《深圳市保护电力设施和打击窃电行为暂行办法》，2016 年又制定了《深圳市电力设施和电能保护办法》取代了前一规定。

第五类是由园区管理委员会制定。如中国（广东）自由贸易试验区珠海横琴新区管理委员会制定的《中国（广东）自由贸易试验区珠海横琴新区片区供用电规则》。根据《立法法》第 82 条的规定，省、自治区、直辖市和设区的市、自治州的人民政府，可以根据法律、行政法规和本省、自治区、直辖市的地方性法规，制定规章。因此园区管理委员会制定的规定并不属于地方立法。

2000 年的《立法法》第 63 条第 2 款规定了较大的市的人民代表大会及其常务委员会根据本市的具体情况和实际需要，在不同宪法、法律、行政法规和本省、自治区的地方性法规相抵触的前提下，可以制定地方性法规，报省、自治区的人民代表大会常务委员会批准后施行。省、自治区的人民代表大会常务委员会对报请批准的地方性法规，应当对其合法性进行审查，同宪法、法律、行政法规和本省、自治区的地方性法规不抵触的，应当在四个月内予以批准。《立法法》第 63 条第 4 款规定了本法所称较大的市是指省、自治区的人民政府所在地的市，经济特区所在地的市和经国务院批准的较大的市。其中，省会城市 27 个；经济特区所在地的市 4 个，包括深圳、厦门、珠海、汕头；经国务院批准的较大的市有：1984 年 10 月批准唐山、大同、包头、大连、鞍山、抚顺、吉林、齐齐哈尔、青岛、无锡、淮南、洛阳、重庆共 13 个市（其中重庆于 1997 年 3 月升格为直辖市），1988 年 3 月批准宁波市，1992 年 7 月批准淄博、邯郸、本溪市，1993 年 4 月批准苏州、徐州市。因此，本溪市及汕头市等作为国务院批准的较大的市，其人大常委会有权制定地方性电力规范。

2015 年修正的《中华人民共和国地方各级人民代表大会和地方各级人民政府组织法》将原第 7 条中的“省、自治区的人民政府所在地的市和经国务院批准的较大的市”修改为“设区的市”。相应地，同年修改的《立法法》第 72 条第 2 款规定了设区的市的人民代表大会及其常务委员会根据本市的具体情况和实际需要，在不同宪法、法律、行政法规和本省、自治区的地方性法规相抵触的前提下，可以对城乡建设与管理、环境保护、历史文化保护等方面的事项制定地方性法规，法律对设区的市制定地方性法规的事项另有规定的，从其规定。这表明，对于普通的设区的市，其立法权从无到有，增加了三方面的立法权；但对于省会城市、较大的市来说，作为设区市的一部分，在 2015 年《立法法》修改之前，其立法权除《立法法》第 8 条的事项外，都可以进行立法。2015 年《立法法》颁布后，这些城市的立法权也被压缩在三个方面，其他方面的立法权都被收回了。随之而来的问题则是设区的市还能制定电力方面的规范吗？或者说电力方面的规范属于“城乡建设与管理”事项吗？

在 2015 年 9 月召开的第 21 次全国地方立法研讨会上，李适时主任解释说，全国人大法律委在审议结果报告中对设区的市的立法权的范围作了专门的说明：城乡建设与管理、环境保护、历史文化保护等方面的事项，范围是比较宽的。比如，从城乡建设管理看，就包括城乡规划、基础设施建设、市政管理等；从环境保护看，按照环境保护法的规定，范围包括大气、水、海洋、土地、矿藏、森林、草原、湿地、野生动物、自然遗迹、人文遗迹等。从目前 49 个较大的市已制定的地方性法规涉及的领域看，修正案草案规定的范围基本上都可以涵盖。总体上看，这样规定能够适应设区的市地方实际需要。关于“城乡建设与管理”包括哪些事项，我们认为，城乡建设既包括城乡道路交通、水电气热市政管网等市政基础设施建设，也包括医院、学校、文体设施等公共设施建设；城乡管理除了包括对市容、市政等事项的管理，也包括对城乡人员、组织的服务和管理以及对行政管理事项的规范等。关于“等”字是“等内”还是“等外”，我们认为，从立法原意讲，应该是等内，不宜再做更加宽泛的理解。

在2016年9月召开的第22次全国地方立法研讨会上，李适时主任解释说，立法法对设区的市的立法权限作了明确规定，即设区的市“根据本市的具体情况和实际需要，在不同宪法、法律、行政法规和本省、自治区的地方性法规相抵触的前提下，可以对城乡建设与管理、环境保护、历史文化保护等方面的事项制定地方性法规”。这里，立法法对设区的市进行立法规定了三条应遵循的原则要求：其一，立法要根据本市的具体情况和实际需要进行。这实际上是要求地方立法要始终立足本地实际，遵循发展规律，不要搞攀比，不要相互照抄照搬。其二，不得与上位法相抵触。其三，立法权限的范围是“城乡建设与管理、环境保护、历史文化保护”三个方面。对这一条大家有较多的疑问和困惑，觉得不好把握，对此，在去年的全国地方立法研讨会上作了一些回应。2015年年底以来，中共中央和国务院相继出台了《关于深入推进城市执法体制改革改进城市管理工作的指导意见》和《关于进一步加强城市规划建设管理工作的若干意见》，对城市管理的范围作了明确界定。文件明确，城市管理的主要职责是市政管理、环境管理、交通管理、应急管理和城市规划实施管理等，具体实施范围包括：市政公用设施运行管理、市容环境卫生管理、园林绿化管理等方面的全部工作；市、县政府依法确定的，与城市管理密切相关、需要纳入统一管理的公共空间秩序管理、违法建设治理、环境保护管理、交通管理、应急管理等方面的部分工作。根据文件精神，出于城市管理需要而延伸的吸引社会力量和社会资本参与城市管理；建立健全市、区（县）、街道（乡镇）、社区管理网络；推动发挥社区作用；动员公众参与；提高市民文明意识等相关举措，也属于城市管理范畴，涉及的这些领域都是立法法规定的设区的市可以制定地方性法规的范畴。[1]根据上述解释，电力建设肯定属于城乡建设，电力设施保护属于城乡管理，设区的市可以制定这方面的地方性规范。因此，中山市能够在 2015 年之后制定电力设施保护方面的地方性法规。但供电用电关系因不属于城乡建设与管理事项，设区的市自 2015 年之后不得制定该方面的地方性规范。

第三节　立法层级之选择：法规还是规章

通过对地方立法实践考察发现，同样的立法内容，如反窃

〔1〕 参见淄博市人大常委会法制工作委员会：《关于“设区的市”立法权限范围的解释》，载 http://www.zbrd.gov.cn/e/action/ShowInfo.php?classid=2&id=6122，最后访问日期：2018 年 11 月 20 日。

电，有的地方由省、自治区、直辖市人大常委会制定，系地方性法规，如《辽宁省反窃电条例》《吉林省反窃电条例》等；也有的地方由省、直辖市、自治区政府制定，系地方性政府规章，如《新疆维吾尔自治区反窃电办法》《宁夏回族自治区反窃电办法》等。电力设施保护也是如此。大部分电力设施保护立法都是由省、直辖市、自治区人大常委会制定，如《辽宁省电力设施保护条例》《吉林省电力设施保护条例》，也有部分由省、直辖市、自治区政府制定，如《福建省电力设施保护办法》。

制定地方性规章与地方性法规各有优劣。制定地方性法规的好处在于：法律效力高，日后可以作为一般人的行为规范，还可以作为法院判案的依据。根据《最高人民法院关于裁判文书引用法律、法规等规范性法律文件的规定》，法律及法律解释、行政法规、地方性法规、自治条例或者单行条例、司法解释可以作为法院判案依据的规范性文件，除此以外的其他规范性文件只能作为裁判说理的依据，而不能直接作为裁判的依据。其不足在于：制定程序较复杂，耗时较长。如根据《北京市制定地方性法规条例》第 3 章第 2 节的规定，北京市人大常委会制定地方性法规的程序为：提出法规案、听取意见、征求意见、常务委员会审议、表决、公布。

制定地方性政府规章的好处在于程序相对简单，耗时较短。如根据《北京市人民政府规章制定办法》相关规定，制定政府规章的程序为：立项、起草规章、市法制办审查、决定、公布和备案。不足之处在地方政府规章的法律效力较低，虽然也能作为一般人的行为规范，但不能作为法院的裁判依据，只能作为说理依据。

为长远计，笔者倾向于各地就电力问题制定地方性法规，尽量不制定地方性政府规章。理由如下：

制定地方性政府规章的依据存在缺陷。地方政府制定政府规章作为一种行政行为，须受“法无允许即禁止”的行政法基本原则之约束，即需要有明确的授权规定。对地方政府制定政府规章进行授权的方式主要有两种：一种方式是《中华人民共和国地方各级人民代表大会和地方各级人民政府组织法》第60条以及《立法法》第82条规定的“一般授权”。二者在授予地方政府制定政府规章的权限时，都强调地方政府“可以根据法律、行政法规和本省、自治区、直辖市的地方性法规，制定规章”。另一种方式是“条文授权”，主要体现为各单行法律、行政法规和地方性法规直接在条文中规定“具体办法由省人民政府制定”。这种授权性规定带有明显的命令色彩，有关地方政府必须制定，否则构成政府不作为。如《电力法》第44条第2款即是，其规定“地方集资办电在电费中加收费用的，由省、自治区、直辖市人民政府依照国务院有关规定制定办法”。

“一般授权”对政府规章的制定设置了前提，即政府规章拟规范的事项已经有相应的法律、行政法规、地方性法规做出了规定，只是规定得比较原则或不完善，需要进一步补充、细化。目前规范电力的法律有《电力法》，行政法规有《电力设施保护条例》《电网调度管理条例》《铺设海底电缆管道管理规定》《电力供应与使用条例》《电力监管条例》《电力安全事故应急处置和调查处理条例》《国家大面积停电事件应急预案》。各地的地方性法规则非常多，如《上海市保护电力设施和维护用电秩序规定》《江苏省电力保护条例》等。从法律依据上讲，各地根据上述有关电力的法律、法规、地方性法规制定地方性规章不存在任何问题。只是我国目前正在制定《能源法》，电力体制已经进行了政企分开、厂网分开、放开售电侧等一系列改革，《电力法》以及相关的电力法规不仅与实践不一致，远落后于电力行业的发展，且与日后通过的《能源法》也有可能存在不相协调的问题，可以预见，在不久的将来必将进行修改。此时如严格以将要进行修改的电力法律、法规作为制定地方性规章的依据，无疑会导致只要《电力法》一修改，地方性政府规章就面临修改的后果。虽然政府规章修改的程序相对简单，但也会造成浪费。如想避免前述问题，就只能不按照现行的电力法律法规制定地方性规章，但这又违背《立法法》。

根据“条文授权”制定政府规章的话，除了存在前述问题之外，还会存在由于授权有限，使得能够制定政府规章的地方太少，涵盖面太窄的问题。

难道采用制定地方法规的方式就不存在制定出来的地方法规与日后通过的《能源法》、修改后的《电力法》存在冲突的问题吗？应当不会。理由如下：首先，《立法法》第 72 条规定的省、自治区、直辖市的人民代表大会及其常务委员会根据本行政区域的具体情况和实际需要，在不同宪法、法律、行政法规相抵触的前提下，可以制定地方性法规。第 73 条规定地方性法规可以就下列事项作出规定：①为执行法律、行政法规的规定，需要根据本行政区域的实际情况作具体规定的事项；②属于地方性事务需要制定地方性法规的事项。除《立法法》第 8 条规定的事项外，其他事项国家尚未制定法律或者行政法规的，省、自治区、直辖市和设区的市、自治州根据本地方的具体情况和实际需要，可以先制定地方性法规。在国家制定的法律或者行政法规生效后，地方性法规同法律或者行政法规相抵触的规定无效，制定机关应当及时予以修改或者废止。也就是说，地方性法规只需要做到不同宪法、法律、行政法规相抵触即可，与政府规章需以法律、行政法规、地方法规为依据，对其进行补充和具体化完全不同。因此，在制定地方性法规时，只有遵循基本的法理以及改革实践，与日后将要通过的《能源法》以及修改后的《电力法》等存在冲突的可能性极小。其次，国家立法针对的是全国范围内的普通情况，不会顾及各地的具体情况；地方性法规则是针对本行政区域的实际情况，二者在对象方面存在区别，因而存在冲突的可能性也不大。再次，地方先于国家立法为《立法法》第 73 条所允许。最后，即使存在一些小冲突，对地方性法规加以修改也不是特别复杂，即使需要投入一定的人力物力，这些成本相对于因国家层面的立法迟滞、地方性立法又缺乏给各地电力事业带来的损害而言应当是微不足道。

第四节　立法形式之选择：单个立法还是综合立法

由于电力行业涉及环节较多，包括电网规划建设、电力设施保护、供用电关系、重要用户供用电安全、农村电价管理等多个方面。如果针对一个内容制定一个法规，显然属于分别立法。如果在一个法规中包括两个或两个以上的内容，显然属于综合立法。这两种做法各地均有选择。总的说来，采用单一立法的居多。如云南省就制定了 4 部单行地方性法规和地方政府规章：《云南省查处窃电行为条例》《云南省供用电条例》《云南省电力设施保护条例》《云南省电力用户安全用电管理办法》；黑龙江省则制定了 3 部单行地方性法规和地方政府规章：《黑龙江省电力设施保护办法》《黑龙江省反窃电条例》《黑龙江省电力设施建设与保护条例》；湖南省也是制定了 3 部单行地方性法规和地方政府规章：《湖南省实施〈电力设施保护条例〉办法》《湖南省电力建设若干规定》《湖南省电力设施保护和供用电秩序维护条例》；天津市也制定了 3 部单行地方性法规和地方政府规章：《天津市电力设施保护管理办法》《天津市重要用户供用电安全管理办法》《天津市供电用电条例》。

选择综合立法的也有一些，但其所包括的内容也不完全相同，有多有少。如《海南省电力建设与保护条例》涵盖了电力规划与建设、电力设施保护、海底电缆保护、电能保护四个方面。《江苏省电力保护条例》涵盖了电力建设保护、电力设施保护、电能保护三个方面。《安徽省电力设施和电能保护条例》则只涵盖了电力设施保护、电能保护两个方面。显然，涵盖内容的多少有时取决于各自的具体情况。如《海南省电力建设与保护条例》之所以囊括海底电缆保护显然是基于海南电力的输送依赖于跨越琼州海峡的海底电缆。

相比较而言，选择综合立法较妥。理由是：其一，有利于节约立法成本。针对一个问题制定一个地方性法规，投入的人力物力会较多，需要的时间也会较长。比如湖北省人大常委会在2006年9月29日就通过了《湖北省预防和查处窃电行为条例》，但直到2011年9月29日才通过《湖北省电力设施建设与保护条例》，前后相距5年。云南省人大常委会从2000年制定《云南省查处窃电行为条例》到2007年制定《云南省电力设施保护条例》前后相距7年。其二，分开立法容易导致法条内容重复，尤其是总则中有关立法目的和依据、政府及相关部门职责的条文、技术性条文以及法律责任条文等特别容易出现重复。

如1996年制定的《黑龙江省电力设施保护办法》第12条规定，架空电力线路保护区：其导线边线向外延伸所形成的两平行线内的区域，一般地区为各级电压导线的边线延伸距离为：

（1）1千伏至10千伏为　　5米；

（2）35千伏至110千伏为　　10米；

（3）154千伏至220千伏为　　15米；

（4）500千伏为　　20米。

在厂矿、城镇等人口密集地区，各级电压导线的计算导线最大风偏距建筑物的水平安全距离为：

（1）1千伏以下为　1米；

（2）1千伏至10千伏为　1.5米；

（3）35千伏为　3米；

（4）66千伏至110千伏为　4米；

（5）154千伏至220千伏为　5米；

（6）330千伏为　6米；

（7）500千伏为　8.5米。

《黑龙江省电力设施保护办法》第13条规定，电力电缆线路保护区的宽度为：

（1）地下电缆线路两侧各0.75米所形成的平行线内的区域。

（2）江河电缆一般不小于线路两侧各100米（中、小河流一般不小于50米）所形成的两平行线内的水域。

2009年制定、2015年修正的《黑龙江省电力设施建设与保护条例》第19条规定，架空电力线路的保护区：导线边线向外侧水平延伸并垂直于地面所形成的两平行面内的区域。

在厂矿、城镇等人口密集地区之外的地区，各电压等级导线的边线向外侧水平延伸的距离为：

电压等级	导线的边线向外侧水平延伸的距离
1千伏~10千伏	5米
35千伏~110千伏	10米
220千伏~330千伏	15米

续表

电压等级	导线的边线向外侧水平延伸的距离
500 千伏	20 米

在厂矿、城镇等人口密集地区，各电压等级导线的边线在计算最大风偏情况下，距离建筑物的最小水平安全距离为：

电压等级	距离建筑物最小水平距离
10 千伏绝缘导线	0.75 米
10 千伏裸导线	1.5 米
35 千伏	3.0 米
66 千伏～110 千伏	4.0 米
154 千伏～220 千伏	5.0 米
330 千伏	6.0 米
500 千伏	8.5 米

《黑龙江省电力设施建设与保护条例》第 21 条规定，电力电缆线路的保护区：

（1）地下电力电缆为电力电缆线路地面标桩两侧各 0.75 米所形成的两平行线内的区域；

（2）跨江河电力电缆一般不小于线路两侧各 100 米（中、小河流一般不小于各 50 米）所形成的两平行线内的水域。

上述《黑龙江省电力设施保护办法》第 12、13 条与《黑龙江省电力设施建设与保护条例》第 19、21 条之间除了个别措辞、个别内容有些变化外，内容基本雷同。

选择综合立法的话，地方电力立法应当将哪些内容囊括进来呢？我们认为各地的情况不一，制定地方性法规的时间也不一致，不能强求一致。如是否需要将电力需求侧纳入，天津市在2007年制定《天津市供电用电条例》时，当时只有国家发展改革委联合国家电监会于2004年印发的《加强电力需求侧管理工作的指导意见》，于是在第6章规定了电力需求侧管理。[1]但大部分地方性立法并不规定该内容。鉴于地方电力立法中也有不少共性的问题，通过考察现有地方性立法也可发现，主要集中在以下内容中：

第一，电力规划与建设。电力建设需要土地，但可供电力建设的土地却有限，故加强电力的规划与建设也就越发重要。

第二，电力设施保护。电力设施点多面广线长，生产生活需要电力的地方越来越多。只有保护好了电力设施，才有可能做到安全稳定供电，满足人民群众的生产生活需要。

第三，供用电关系。《中华人民共和国合同法》（以下简称《合同法》）虽然对供用电合同加以了规定，但内容过于简单，需要进一步完善。尤其是在电力体制改革过程中出现了许多新问题，如直供电、售电等问题要进一步加以明确规定。《电力供应与使用条例》对供用电合同的规定虽然较《合同法》具体，

---

〔1〕 2011年，国家发展改革委、工业和信息化部、财政部、国资委、电监会、能源局联合颁布了《电力需求侧管理办法》。2017年，国家发展改革委、工业和信息化部、财政部、住房城乡建设部、国务院国资委、国家能源局又颁布了《电力需求侧管理办法（修订版）》，2010年11月4日发布的《电力需求侧管理办法》同时废止。

但内容较难满足现实需要。

第四，反窃电问题。从各地都在积极制定反窃电、预防和查处窃电等地方性法规或规章来说，足以表明窃电是一个非常严峻的问题。

第五，电力行政执法。自电力行业实行政企分开的体制改革后，存在的主要问题是有执法权的政府机构无执法力量。电力企业具有专业人员，但却没有执法权，“英雄无用武之地”。在解决这个问题时，各地的做法各不一样。如有的与公安机关合作，由公安机关在电力公司设立警务室，以解决公安机关治安管理职能与电力公司专业能力的结合；有的电力行政执法机关甚至直接委托电力公司进行行政执法等。不一而足。

第五节　地方立法与已有立法关系之处理

各地在进行地方电力立法时必然面临的一个问题是如何处理由国家立法机关及有关部门颁布的相关电力立法之间的关系。已有的电力立法从效力层级上可以分为三部分：法律，如《电力法》；行政法规，如《电力设施保护条例》《电网调度管理条例》《电力供应与使用条例》《电力监管条例》等；部门规章，如《电力设施保护条例实施细则》《供电营业区划分及管理办法》等。

一、地方电力立法与《电力法》《电力设施保护条例》《电力设施保护条例实施细则》的关系

我国《立法法》第88条规定："法律的效力高于行政法规、地方性法规、规章。行政法规的效力高于地方性法规、规章。"根据该规定，各地制定的地方电力法规应当与《电力法》《电力设施保护条例》《电力设施保护条例实施细则》的规定保持一致。但由于《电力法》《电力设施保护条例》《电力设施保护条例实施细则》远远落后于电力体制改革的实践，对它们的修改又迟迟没有启动，各地在制定地方电力法规时面临的一个难题就是：如不突破现行的《电力法》和电力行政法规，制定的地方法规就没有任何实际意义；如突破现行的《电力法》和电力行政法规，似乎又有违《立法法》。对此问题，我们认为可以《立法法》第73条第2款的规定为根据突破现行《电力法》和电力行政法规，该款规定了除《立法法》第8条规定的事项外，其他事项国家尚未制定法律或者行政法规的，省、自治区、直辖市和设区的市、自治州根据本地方的具体情况和实际需要，可以先制定地方性法规。在国家制定的法律或者行政法规生效后，地方性法规同法律或者行政法规相抵触的规定无效，制定机关应当及时予以修改或者废止。现行的《电力法》和电力行政法规虽然对电力这个领域作了规定，但对这个领域中的很多具体事项并没有作规定，因而地方立法根据本地方的具体情况和实际需要，可以先制定地方性法规。

二、地方电力立法与《电力设施保护条例实施细则》《供电营业区划分及管理办法》等部门规章的关系

根据《立法法》第95条规定了地方性法规与部门规章之间对同一事项的规定不一致，不能确定如何适用时，由国务院提出意见，国务院认为应当适用地方性法规的，应当决定在该地方适用地方性法规的规定；认为应当适用部门规章的，应当提请全国人民代表大会常务委员会裁决。由此可见，部门规章并不当然具有高于地方法规的效力。因此，各地在制定地方电力立法时对于规章中合理的规定可以直接采纳，对于不合理的规定则可以不采纳。

第六节　地方立法的名称

《行政法规制定程序条例》[1] 第5条规定，行政法规的名称一般称“条例”，也可以称“规定”“办法”等。国务院根据全国人民代表大会及其常务委员会的授权决定制定的行政法规，称“暂行条例”或者“暂行规定”。国务院各部门和地方人民政府制定的规章不得称“条例”。

从立法技术与规范的角度来看，名称将决定条例的主要内容和内在逻辑，因而具有非常重要的地位。在确定条例的名称时，应当遵循如下思路：

---

〔1〕 2001年11月16日中华人民共和国国务院令第321号公布，根据2017年12月22日《国务院关于修改〈行政法规制定程序条例〉的决定》进行修订。

第一，名称应由内容来决定，名称要能涵盖条例的全部内容，至少要涵盖条例的基本内容。

第二，考虑到地方立法资源的有限性，电力领域要解决的问题之间可能出现内在联系不是特别紧密的情形，即使有部分内容与名称不符合，也应当允许。

第三，名称不宜太长。太长的名称，难以为公众记住，也不利于宣传。如《湖南省电力设施保护和供用电秩序维护条例》的名称就太长。

第四，对于约定俗成的简称应当采纳，无须采用全称。如供电与用电约定俗成地简称为供用电，《天津市供电用电条例》《广西壮族自治区供电用电办法》等名称就值得商榷。

对于同一内容的地方电力立法，如果立法机关性质也相同的话，按理说，除了省份名不一致外，其他名称应当一致。如《山东省电力设施和电能保护条例》《安徽省电力设施和电能保护条例》《陕西省电力设施和电能保护条例》，很明显这 3 个地方性法规针对的都是电力设施保护与电能保护。《宁夏回族自治区供用电条例》《青海省供用电条例》《甘肃省供用电条例》《云南省供用电条例》《重庆市供用电条例》等针对的是供用电关系。

遗憾的是，能保持前述一致性的地方电力立法很少，大部分在命名上各行其是，并无统一规则，导致差距很大。如关于窃电的地方性立法名称，大致可以分为以下几类：①以“预防和查处窃电行为”命名，如《山西省预防和查处窃电行为办法》

《内蒙古自治区预防和查处窃电行为条例》《湖北省预防和查处窃电行为条例》《广西壮族自治区预防和查处窃电行为条例》；②以“反窃电”命名，如《辽宁省反窃电条例》《吉林省反窃电条例》《黑龙江省反窃电条例》《江西省反窃电办法》《宁夏回族自治区反窃电办法》《新疆维吾尔自治区反窃电办法》《四川省反窃电管理办法》《贵州省反窃电条例》；③以“查处窃电行为”命名，如《云南省查处窃电行为条例》。

再如电力建设与电力设施保护。名称大致可以分为以下几类：①以“电力建设与保护”命名，如《海南省电力建设与保护条例》；②以“电力设施建设与保护”命名，如《黑龙江省电力设施建设与保护条例》；③以“电网建设与保护”命名，如《甘肃省电网建设与保护条例》。

如果包含的内容比较多，名称就更五花八门了。如《江苏省电力保护条例》第 2 条第 2 款规定，本条例所称电力保护，包括电力建设保护、电力设施保护和电能保护。有人认为该名称的优点是：①突出了本条例的核心内容，即以保护电力为基本出发点，该电力保护应当理解为电力安全保护；②名称与内容较为吻合，即分别从电力建设、电力设施、电能三个方面加以保护；③切合江苏省实际，电力保护特别是电力安全保护问题是江苏省面临的最为重要、最为迫切的问题。同时也不否认其存在不足之处：①“电力保护”的语言表达不符合客观实际。当某一对象成为法律的保护客体时，意味着它有可能为外力破坏或侵占，如土地保护、权利保护。电力作为一种能，基于其物理性质，不存在被破坏、侵占的可能性，也就不存在“电力保护”问题。这也就是《电力法》全文出现了 150 余处“电力”和 15 处“保护”，但没有出现 1 次“电力保护”或“保护电力”等概念的根本原因。②该名称难以从现行的立法中找到参照物。在国家层面的立法上，以保护为目的的立法在命名时通常选择主体角度或客体角度，前者如《中华人民共和国未成年人保护法》，后者如《中华人民共和国妇女权益保障法》《中华人民共和国残疾人保障法》《中华人民共和国文物保护法》等。[1] 唯一可以作为《电力保护条例》这一名称参照的应是 2004 年 12 月 27 日国务院公布的《铁路运输安全保护条例》，但随着《铁路安全管理条例》的颁布，《铁路运输安全保护条例》已于 2014 年 1 月 1 日废止。

---

〔1〕 参见周建海主编：《〈江苏省电力保护条例〉解读》，东南大学出版社 2008 年版，第 34~35 页。

第四章 地方电力立法的基本原则

第一节 设立基本原则的必要性

不论是国家立法还是地方立法，不可回避的一个问题就是应否在立法中规定基本原则。国家基本法律通常都有基本原则。如《中华人民共和国民法总则》（以下简称《民法总则》）第5条规定，“民事主体从事民事活动，应当遵循自愿原则，按照自己的意思设立、变更、终止民事法律关系。”第6条规定，“民事主体从事民事活动，应当遵循公平原则，合理确定各方的权利和义务。”第7条规定，“民事主体从事民事活动，应当遵循诚信原则，秉持诚实，恪守承诺。”《中华人民共和国民事诉讼法》（以下简称《民事诉讼法》）第13条规定，“民事诉讼应当遵循诚实信用原则。当事人有权在法律规定的范围内处分自己的民事权利和诉讼权利。”

那地方电力立法，是否也有必要设立基本原则呢？从电力立法的实践看，由于包含的内容多少不一，有的是综合性立法，有的是单一性立法，因而在是否规定基本原则这一问题上做法也不一致，尤其是在单一性立法上。如《北京市预防和查处窃电行为条例》（现已失效）就没有规定基本原则。而《天津市电力设施保护管理办法》第3条规定，电力设施保护工作，遵循电力主管部门、公安部门和人民群众相结合，宣传教育、加强防范和依法惩处相结合的原则。还有的地方性法规不采用“原则”的概念，采用“方针”这一概念，如《辽宁省电力设施保护条例》〔1〕第5条规定:“电力设施的保护，实行预防为主、防治兼顾的方针；遵循专业保护与社会保护相结合的原则”，但二者的含义与作用完全相同。

笔者认为，从立法的基本原理出发，应当设立基本原则。理由如下:

第一，任何立法者都不是圣人，不可能在立法中将已经出现的问题以及将来可能出现的问题都予以解决，易言之，立法存在漏洞是必然的，仅是在数量上存在差异。

第二，即使法律在制定当时并无漏洞，也没有不妥之处，但基于其稳定性与现实生活流变性之间的矛盾，依然会存在诸如不合目的性、模糊性等缺陷。

第三，既然立法必然存在漏洞，就意味着给行为者、执法者、裁判者以自由裁量权。但权力会被滥用又是亘古不变的规

〔1〕 1997年5月30日，辽宁省第八届人民代表大会常务委员会第二十八次会议通过，已被2016年11月11日辽宁省第十二届人民代表大会常务委员会第二十九次会议通过的《辽宁省电力设施保护条例》废止。

律，因此就只能通过基本原则来加以限制，使之不会过于偏离。[1]

基本法律通常都把基本原则规定在总则中，如《民法总则》规定在第一章基本规定中，《民事诉讼法》也是规定在第一章任务、适用范围和基本原则中。地方性立法也应当遵循该立法技术。有学者指出完整的地方性法规通常包括三大部分：总则、分则和附则。总则的主要内容包括：①立法的目的和依据；②调整对象和适用范围；③法规的基本原则、指导方针和制度；④主管机关及其主要职责以及有关部门的职责；⑤贯穿于整个法规的基本概念的解释和界定；⑥其他带有总括性的条款。[2] 由此可见，地方性法规也应当把基本原则都放在总则中。通常情况下，地方性电力立法遵循的也都是这一规律。惯常做法能否适用于地方性电力立法呢？至少典型的综合性地方电力法规——《江苏省电力保护条例》没有采纳该方法，即没有在总则中规定基本原则，而是在分章中对部分内容规定有基本原则，如其第5条就电力规划作了规定：制定电力发展规划，应当遵循开发节约并举、环境保护优先、优化能源结构、推进科技进步、适度超前、均衡协调的原则，但其没有就电力设施保护和电能保护规定基本原则。

---

〔1〕 有关法律局限性与基本原则功能的详细阐述，可参见徐国栋：《民法基本原则解释——成文法局限性之克服》（增订本），中国政法大学出版社2001年版，第172~346页。

〔2〕 阮荣祥、赵恺主编：《地方立法的理论与实践》（第2版），社会科学文献出版社2011年版，第271页。

由于笔者认为综合性地方性电力法规应包括五个方面的内容：电力规划与建设、电力设施保护、供用电关系、反窃电问题、电力行政执法。这五个方面的内容虽然分属不同的领域，有的属于公法，如电力规划、电力行政执法；有的属于私法，如供用电关系；有的则属于公、私法混合，如反窃电问题，但它们都为一条红线贯穿，那就是安全，就是安全管理。笔者认为应当将安全第一、防治结合、综合治理作为地方性电力法规的基本原则。

尽管安全是以上五方面内容的共同点，但并不意味它们就没有自己的独特内容，不能拥有自己单独的基本原则。犹如诚实信用是整个民法中的基本原则，但并不妨碍《合同法》把“契约自由”原则、《中华人民共和国物权法》把“一物一权”原则作为各自领域的基本原则。所以笔者建议在综合性地方电力立法的总则部分设一个基本原则，然后在各具体内容中再设置指导该部分内容的基本原则，如电力规划与建设的基本原则、电力设施与电能保护的基本原则等。

第二节　电力规划与建设的基本原则

目前专门就电力规划与建设制定的地方性法规较少。就已经制定的地方性法规而言，大部分都规定有基本原则（或称方针），如《黑龙江省电力设施建设与保护条例》第 3 条规定：“电力设施的建设与保护，坚持安全、效能、环保、均衡的原则。”《湖北省电力设施建设与保护条例》第3条规定：“电力设施建设与保护应当遵循安全、科学、效能、环保的原则。”《汕头市电力设施建设与保护条例》第5条规定：“电力设施的规划、建设应当适应国民经济和社会发展的需要，遵循保护耕地、合理利用土地、有利于促进经济发展和社会进步的原则，适度超前发展。”《湖南省电力建设若干规定》第4条第2款规定：“编制电力发展规划，应当遵循电力建设与电力负荷需求相适应、适当超前的原则。”《广东省电力建设若干规定》第3条第2款规定：“电力发展规划应当贯彻节约用地和环保原则，符合国家及电力行业标准和技术规程、规范，并与本省电力负荷的增长幅度相适应。”

有的则没有规定基本原则或方针，如《海南省电力建设与保护条例》，该条例第5条虽然规定的是原则，但明确规定仅针对电力保护，因此在电力建设上并没有规定基本原则。

笔者认为，应当将安全、效能、环保、均衡、合理用地作为电力规划的原则。由于电力规划是电力事业安全发展的前提，因此在规划之初就应当考虑安全问题。实际上有些电力安全事故的发生就是因为规划不好而导致。要确保安全，规划与建设自然要遵循电力科学规律，换言之，安全原则已经包含了科学原则，因此，就没有将科学作为基本原则的必要了。效能也是电力规划时必须遵循的原则之一，即以最低成本获取最大的收益。对于污染环境严重，能源转化效率低的小火电通过规划予以关停。第三个需要遵循的原则就是环保。不论是电力生产还是电力输送，都会对环境产生影响，所以在规划时就应考虑将对环境的负面影响降到最低。环保原则还要求尽可能开发新能源与可再生能源，优化能源结构。所谓均衡就是指电力规划应当能满足国民经济和社会发展的需要。由于电力设施的建设周期比较长，一旦出现不能满足国民经济和社会发展的缺口时，在短时间内无法补上，因此规划与建设都应适度超前。电力事业的发展离不开土地，而我国的土地资源非常有限，因此必须合理用地。合理用地首先包括节约用地，能少用一分地就不多用一分地，充分利用土地；同时还得制宜用地，即尽量保护耕地，充分利用荒山、荒坡等地。

第三节　电力设施保护的基本原则

大部分省市都制定有电力设施保护的地方性法规，但在是否设置保护的基本原则这个问题上争议比较大，主要表现在两个方面：一是要不要设置原则条款；二是若设置的话，如何设置。就第一个问题而言，有的地方性规范中没有规定电力设施保护的原则，如黑龙江、内蒙古、福建、湖北、江西、新疆、云南、江苏等地；有的地方性法规则规定有保护原则，如《陕西省电力设施和电能保护条例》第 3 条规定：“电力设施和电能的保护遵循预防为主、防治兼顾的方针，实行电力行政主管部门、公安部门、电力企业和群众相结合的原则。”《贵州省电力设施保护办法》第 3 条规定：“电力设施的保护，实行电力管理部门、公安部门、电力企业和人民群众保护相结合的原则。”

就第二个问题而言，在规定有电力设施保护原则的地方性法规中，具体的原则有相同点，也有不同点。相同点在于大部分都将综合治理、职能部门与人民群众（或专业保护与社会保护）相结合作为基本原则。如《陕西省电力设施和电能保护条例》第 3 条规定：“电力设施和电能的保护遵循预防为主、防治兼顾的方针，实行电力行政主管部门、公安部门、电力企业和群众相结合的原则。”《安徽省电力设施和电能保护条例》第 3 条第 3 款规定：“保护电力设施和电能，实行预防为主、防治结合、综合治理的原则。”《山东省电力设施和电能保护条例》第 3 条规定：“电力设施和电能保护工作，应当坚持预防为主、防治结合、综合治理的方针，实行政府、电力设施产权人和群众相结合的原则。”《贵州省电力设施保护办法》第 3 条规定：“电力设施的保护，实行电力管理部门、公安部门、电力企业和人民群众保护相结合的原则。”《海南省电力建设与保护条例》第 5 条规定：“电力保护坚持预防为主、综合治理的方针，实行发展和改革主管部门、工业和信息化主管部门、能源监管机构、公安机关、电力企业和公民相结合的原则。”《辽宁省电力设施保护条例》第 3 条规定：“电力设施应当坚持预防为主、防治结合、综合治理的原则，实行政府统一领导、部门各尽其职、企业依法保护、群众参与监督的工作机制。”《青海省电力设施保护办法》第 3 条规定：“电力设施保护坚持预防为主、综合治理的方针，实行电力行政管理部门、公安机关、电力企业和人民群众相结合的原则。”

不同点在于：①突出的主体不同。贵州、陕西、青海、山东等省都突出了部分主体，如电力主管部门、公安部门、电力企业、电力设施产权人等。例如，《青海省电力设施保护办法》第3条规定：“电力设施保护坚持预防为主、综合治理的方针，实行电力行政管理部门、公安机关、电力企业和人民群众相结合的原则。”而辽宁、安徽等省并未突出某一主体，如《辽宁省电力设施保护条例》第3条的规定。②有部分地方性法规由于将电力设施建设与保护放在一起，设立的基本原则重在电力设施建设，对电力设施保护的指导意义作用不大。如《黑龙江省电力设施建设与保护条例》第3条规定：“电力设施的建设与保护，坚持安全、效能、环保、均衡的原则。”《湖北省电力设施建设与保护条例》第3条规定：“电力设施建设与保护应当遵循安全、科学、效能、环保的原则。”③有的将预防为主、防治结合、综合治理作为方针，如《山东省电力设施和电能保护条例》第3条规定：“电力设施和电能保护工作，应当坚持预防为主、防治结合、综合治理的方针，实行政府、电力设施产权人和群众相结合的原则。”有的将其作为原则，如《安徽省电力设施和电能保护条例》第3条第3款规定：“保护电力设施和电能，实行预防为主、防治结合、综合治理的原则。”④措辞稍有区别。《海南省电力建设与保护条例》第5条用的是公民，其他大部分用的是人民群众。青海用的是电力行政管理部门，贵州用的是电力管理部门。

就上述分歧，笔者认为在设定基本原则时，需注意以下几个问题：①基本原则的内涵应具有一定的抽象性和弹性，有进一步解释的空间。因此，像《陕西省电力设施保护办法》第3条规定的“宣传教育、保护措施和依法惩处相结合”就过于具体，而不是基本原则。预防为主已经包括了宣传教育。防治结合也已经囊括了保护措施和依法惩处相结合。修改后的《陕西省电力设施和电能保护条例》第3条规定：“电力设施和电能的保护遵循预防为主、防治兼顾的方针，实行电力行政主管部门、公安部门、电力企业和群众相结合的原则”，就删除了前述不妥规定。②不宜在基本原则中强调某些主体。基本原则能适用于该法调整的所有主体，如果强调部分主体的话，容易给人以错觉，以为仅适用于强调的主体。对于有必要强调的主体，可以在其他条文中单独对其权利或义务作出规定。实际上有很多地方性规范已经单辟条文对特定主体的权利、义务进行规定，在基本原则中强调某些主体的权利、义务不仅没有必要，反而有画蛇添足之嫌。③措辞应当准确，尽量用法言法语，除用非法言法语影响民众对法律的理解，且用生活语言又不影响准确表达时，方可用生活语言。

第五章 电力发展规划与建设

第一节 电力发展规划的制定

一、电力发展规划制定的主体

兵马未动、粮草先行。电力规划无疑是整个电力事业发展的前提。虽然《电力法》第10条规定:“电力发展规划应当根据国民经济和社会发展的需要制定，并纳入国民经济和社会发展计划。电力发展规划，应当体现合理利用能源、电源与电网配套发展、提高经济效益和有利于环境保护的原则。”第11条第1款规定，“城市电网的建设与改造规划，应当纳入城市总体规划。城市人民政府应当按照规划，安排变电设施用地、输电线路走廊和电缆通道。”但并没有规定谁应是电力发展规划的制定主体。对此漏洞，地方立法显然可以进行弥补。

从已经制定的地方电力法规来看，各地解决以上两个问题的方法不一，大致有以下几种模式：

有的地方性法规像《电力法》一样没有明确规定电力发展规划的制定主体。具体包括两种情形：一是在立法中没有提及任何主体。如《江苏省电力保护条例》第 5 条第 1 款规定：“制定电力发展规划，应当遵循开发节约并举、环境保护优先、优化能源结构、推进科技进步、适度超前、均衡协调的原则。电力发展规划应当纳入城乡建设总体规划。电力建设项目应当符合电力发展规划和国家电力产业政策。”再如《湖南省电力建设若干规定》第 4 条第 2 款规定：“编制电力发展规划，应当遵循电力建设与电力负荷需求相适应、适当超前的原则，并与土地利用总体规划、江河流域规划、城市总体规划、城镇体系规划相衔接、协调。”同样没有提及谁是制定主体。由此可见，这些条文都没有规定应当由谁来负责制定电力发展规划。二是在立法中虽提及了某一主体，但其职责不是制定电力发展规划。如《甘肃省供用电条例》第 4 条第 1 款规定：“省人民政府应当将电力发展规划纳入国民经济和社会发展总体规划。”该条仅规定了省人民政府有将电力发展规划纳入国民经济和社会发展总体规划的职责，未规定其是制定主体。对省政府以下政府的职责未作规定。

有部分地方电力规范规定了电力发展规划制定主体，但确定的制定主体并不相同，主要有以下情形：

第一，由电力管理部门负责。

第二，由发展和改革委员会制定。如《重庆市供用电条例》第 7 条第 1 款规定，市发展改革行政部门负责编制全市电力发展规划。《甘肃省电网建设与保护条例》第 7 条规定，发展和改革部门组织编制电力发展规划时，应当考虑电网发展规划与电源建设规划相衔接。

第三，由建设规划部门负责。如《云南省电力设施保护条例》第 9 条第 1 款规定，县级以上建设规划部门在编制城乡建设总体规划时，应当听取电力行政主管部门的意见。

第四，由多部门负责，或者由电力管理部门与规划部门共同制定。如《安徽省电力设施和电能保护条例》第 15 条规定，电力行政主管部门应当会同规划行政主管部门编制城乡电力设施建设、改造规划和计划，并报本级人民政府审批。《济南市电力管理条例》第 11 条规定，市发展改革部门应当会同政府有关部门组织编制全市电力发展规划，并纳入全市国民经济和社会发展规划。市电力行政主管部门应当会同有关部门根据全市电力发展规划，组织编制全市电网专项规划，报市人民政府批准后公布实施。县（市、区）人民政府应当根据全市电网专项规划的要求，组织编制本行政区域内的电网专项规划，报市电力行政主管部门和规划主管部门备案。未经法定程序，任何单位和个人不得变更电力发展规划和电网专项规划。

另有一些地方性电力规范没有规定电力发展规划的制定主体，仅规定了电网发展规划的制定主体。如《广州市供电与用电管理规定》第 6 条规定，电网发展规划由市电力行政主管部门会同发展改革、建设、规划、土地、环保等行政管理部门以及供电企业编制，报市政府批准后实施。电网专项规划由市电力行政主管部门会同城乡规划行政主管部门编制，涉及空间布局和用地需求的，经市发展改革、环保、土地行政管理部门审查后，由电力行政主管部门报市人民政府批准后实施。电网专项规划的内容应当与其他规划相互衔接、符合总体规划，并纳入控制性详细规划。原因可能是源于上述城市的电网建设最为重要，其他电源建设很少或没有，故没有涉及。

上海、广州市仅对电网建设规划进行规定的做法有待商榷。在大城市里，电网建设固然重要，但并不意味着其他的电力发展规划，如电源点的建设就不重要，就不需要进行规划。在大城市里，虽然建设污染严重的火电厂基本上没有了可能性，但随着技术的进步，没有污染的太阳能发电、分布式能源并非不需要考虑。

从那些规定了电力发展规划制定主体的地方电力规范来看，基本上都是以政府部门作为制定主体，但仍过于笼统，不够具体细化，操作性不强。电力发展关系国计民生，自然需要政府的大力支持。政府作为电力发展规划的制定主体可以细分为两个问题：一是鉴于我国政府分为多层，从国务院到省政府、地级市政府、县政府。作为地方性电力法规，自然不能规定国务院在电力方面的规划责任[1]，但是否需要对省政府、地级市政府、县政府在电力规划的职责均加以规定？二是地方各级人民

〔1〕 国务院的电力规划责任应由《电力法》规定。

政府在电力规划的职责是否有所区分？

笔者认为，电力规划是指对电力事业的发展进行比较全面的长远的发展计划，是对未来整体性、长远性、基本性的问题思考、考量和设计，是未来的整体行动方案。这一特性决定了电力规划不能以县为单位，在小范围内各自为战。就如高速公路规划一样，通常都是国家有一个全国性整体规划，对于未在国家规划范围内，各省可以根据本省具体情况自行规划。对未在省规划范围内的，各县如觉得有必要，也可以对本县范围内的电力事业发展进行规划。由于各地的发展水平不一，有些经济水平高、基础建设好的县可能已经基本完成了电力建设任务，不存在规划任务。但省政府就不一样，一方面需要落实全国制定的电力规划；另一方面要面对全省发展不一的现状制定全省的电力发展规划，因此各级政府的职责不可能完全相同，应当有所区别。鉴于电力发展规划非常专业，需要由专业的机构负责。因此，各级政府的主要职责是领导、协调电力发展规划的制定工作。在电力规划中可能遇到涉及多个部门的问题，靠单个部门无法解决，各级政府协调解决。对该问题，建议规定为：省人民政府应当根据本省国民经济和社会发展的需要制定电力发展规划，并将其纳入国民经济和社会发展总体规划。各级人民政府应加强对本行政区域电网的规划及建设工作的领导，组织协调解决电网规划、建设中的重大问题。

至于地方电力发展规划到底应由哪个部门负责编制，笔者认为应由各地能源管理部门负责比较合乎法理。一是根据《国务院关于部委管理的国家局设置的通知》（国发〔2018〕7号）的精神[1]，国家能源局的主要职责之一是提出能源发展战略的建议，拟定能源发展规划、产业政策并组织实施，起草有关能源法律法规草案和规章，推进能源体制改革，拟定有关改革方案，协调能源发展和改革中的重大问题；负责煤炭、石油、天然气、电力（含核电）、新能源和可再生能源等能源的行业管理，组织制定能源行业标准，监测能源发展情况，衔接能源生产建设和供需平衡，指导协调农村能源发展工作。电力作为重要的一类能源，其发展规划无疑是整个能源发展规划的一个组成部分。二是从实践的角度看，国家能源局已经在负责国家层面电力发展规划的制定。如国家能源局在2013年9月16日发布了《南方电网发展规划（2013—2020年）》。这是国内首个“十三五”电网规划，是指导2013—2020年南方电网发展的行动纲领。三是从规划部门的职责来看，制定电力发展规划不在

〔1〕 2013年，国务院重组了国家能源局，将国家电力监管委员会并入了国家能源局，但这并不影响国家能源局制定能源发展规划、产业政策的职能。

其职权范围内。如北京市规划和国土资源管理委员会的十项职责[1]之中并不包括制定电力发展规划。不可否认，电力建设需要用地，需要规划部门对其相对空间位置作出安排，但只有先制定好电力发展规划，才能确定其用地和相对空间位置。

---

〔1〕（1）贯彻落实国家关于城乡规划、测绘、建设工程勘察与设计等方面的法律、法规、规章和政策；起草本市相关地方性法规草案、政府规章草案，拟订相关管理规范和技术标准，并组织实施和监督检查。

（2）组织研究本市城乡空间发展战略，协调、规划城乡空间资源配置，统筹协调城乡发展建设中近期和远期、局部和整体的空间需求和供给关系，会同有关部门研究涉及规划实施的重大问题，并提出政策建议。

（3）组织编制本市城市总体规划、中心城和新城规划、乡镇规划、村庄规划、重点地区修建性详细规划、城市设计导则、特定地区规划，并进行动态评估和补充完善；组织编制近期建设规划、年度实施计划；参与编制本市国民经济和社会发展中长期规划和年度计划；会同有关部门编制城市基础设施、公共服务设施、公共安全设施、城市地下空间等专项规划；参与制定涉及城乡规划的政策和措施。

（4）负责本市城乡建设用地和建设工程的规划管理；负责城乡发展建设中重大项目的选址论证工作；承担土地储备和土地供应工作的规划研究和规划审查；负责提供城乡规划建设的相关技术服务；负责建设用地、建设工程规划行政许可工作；负责地名规划管理工作。

（5）负责本市城乡规划、建设工程规划实施的监督管理；负责对规划编制单位、设计单位与城乡规划相关活动的监督检查；依法查处有关违法行为；负责审查城乡规划编制、规划行政许可事项中有关安全事项，并监督管理。

（6）负责本市城乡规划、测绘行政管理和工程勘察与设计行业管理；承担城乡规划编制、测绘、工程勘察与设计单位及其从业人员的资格管理；负责建设工程勘察与设计质量安全的监督管理以及有关招标投标的备案工作。

（7）承担首都规划建设委员会的具体工作；承担研究、论证本市城乡建设发展重大问题的基础工作。

（8）承担本市空间与自然资源基础信息数据库以及城乡规划地理信息系统的规划、建设和管理工作；拟订城乡规划领域信息化建设发展规划，并组织实施；负责城乡建设档案的监督和管理工作。

（9）负责本市城乡规划的宣传和政府信息公开工作，负责规划编制与管理中的公示、听证等公众参与工作。

（10）承办市政府交办的其他事项。

也许正是因为看到了各地方性法规或政府规章在电力规划主体设定方面的混乱，国家能源局在2016年发布的《电力规划管理办法》第3条对此作了明确规定，即电力规划主要包括全国电力规划（含区域电力规划，下同）和省级电力规划。全国电力规划由国家能源局负责编制，经国家发展和改革委员会审定后，由国家能源局公开发布（保密内容除外）。省级电力规划由省级能源主管部门负责编制，报国家能源局衔接并达成一致后，由省级人民政府批准并公开发布（保密内容除外）。第7条再次规定，“国家能源局是全国电力规划的责任部门，省级能源主管部门是省级电力规划的责任部门，按照‘政府主导、机构研究、咨询论证、多方参与、科学决策’的原则，分别组织编制全国和省级电力规划。”

二、电力发展规划的制定程序

至于电力发展规划的制定程序，地方立法基本没有涉及。对于电力发展规划的调整程序，仅有个别地方规范有规定。如《江苏省电力保护条例》第5条第2款规定：“任何单位和个人不得擅自变更经批准的电力发展规划；确需变更的，应当经过科学论证，由原编制机关提出修改方案，报原批准机关批准。”至于如何进行科学论证，原批准机关是谁均不明确，其操作性显然不强。地方立法没有规定电力发展规划的制定程序，可能的原因在于这一问题过于专业，并且没有相应的规范可供参考。

国家能源局于2016年发布的《电力规划管理办法》才对此

有详细规定。该办法第 4 条规定："电力规划工作可分为研究与准备、编制与衔接、审定与发布、实施与调整、评估与监督等环节。"

研究与准备阶段：电力规划编制应当从全面、深入、专业的角度入手，并以电力规划研究成果为基础。电力规划研究包括电力规划建议、电力规划专题研究和电力规划综合研究。在电力规划专题研究和电力规划综合研究过程中，能源主管部门应通过专题调研和座谈会议等方式，重点对电力需求、规模与布局、系统安全、电力流向等内容听取地方政府、电力企业和电力用户的意见和建议。重要的规划专题研究完成后，应由能源主管部门组织咨询机构和专家评审，并提出评审意见。规划环境影响评价研究和水资源供应研究应征询环境和水资源主管部门意见。电力规划综合研究报告完成后，由国家能源局或省级能源主管部门组织咨询机构和专家评审，并提出评审意见，作为编制全国和省级电力规划的依据。

编制与衔接阶段：电力规划编制中，应通过联席会议、调研走访、专题讨论等机制和方式，加强电力规划与土地利用、城乡建设、环境保护、水资源利用等相关规划的协调，加强电力规划与交通运输、设备制造、供气供热、城市管网等上下游行业规划的协调，加强规划环境影响评价成果与规划草案完善的互动反馈。电力规划应与能源发展总体规划衔接一致，按照省级电力规划服从全国电力规划和省级能源发展规划的原则，通过"两上两下"，对全国电力规划和省级电力规划进行衔接，对送电省电力规划和受电省电力规划进行衔接，保证上下级规划和相关省级规划之间有效衔接、协调统一。

“一上”：规划编制工作启动后，各省级能源主管部门研究提出省级电力规划初稿，提交国家能源局。

“一下”：国家能源局组织对省级规划初稿进行汇总平衡后，初步明确全国规划主要目标、总体框架和各省级规划的边界条件，并书面反馈各省级能源主管部门。

“二上”：各省级能源主管部门根据反馈意见编制省级电力规划（含规划环境影响评价），报送国家能源局。

“二下”：国家能源局对各省级电力规划综合衔接平衡，并书面反馈意见，省级能源主管部门按照反馈意见修改完善省级电力规划。

电力规划草案形成后，应广泛征求政府部门、电力企业、其他相关单位和专家意见。电力规划上报审定前，宜委托有资质的中介机构进行咨询并提出咨询意见。研究探索电力规划听证制度。

审定与发布阶段：全国电力规划一般于五年规划第一年的5月底前由国家能源局报经国家发展改革委审定，由国家能源局公开发布。省级电力规划一般于五年规划第一年的6月底前由省级能源主管部门编制完成报国家能源局衔接并达成一致后，按程序公开发布。

实施与调整阶段：规划实施过程中，可根据实际情况对电力规划进行适当滚动和调整。电力规划发布2~3年后，国家能源局和省级能源主管部门可根据经济发展情况和规划实施情况对五年规划进行滚动。如遇重大变化，或应电力企业申请，也可由规划编制部门按程序组织对规划具体项目进行调整。开展电力规划滚动的，应在电力规划执行第二年组织开展专题研究工作，第三年编制滚动规划，并对滚动规划进行评审、审定和发布。开展电力规划调整的，应委托规划研究机构开展专题研究，经专门机构评估论证后，按程序将新增电力项目纳入规划，或将相关项目调出规划。全国电力规划滚动调整由国家能源局组织，按程序公开发布（保密内容除外）；省级电力规划滚动调整由省级能源主管部门负责，经与全国规划衔接调整后，按程序公开发布（保密内容除外）。

评估与监督阶段：规划实施 2 年后，国家能源局应委托中介机构开展全国电力规划中期评估咨询，省级能源主管部门应委托中介机构开展省级电力规划中期评估咨询，分别形成《电力规划实施中期评估报告》；五年规划结束后，形成《电力规划实施评估报告》。国家能源局派出机构应相应编制并发布《中期电力规划实施情况监管报告》和《五年期电力规划实施情况监管报告》，作为规划编制和滚动调整的重要参考。

第二节　电力建设中的征地

《中华人民共和国物权法》（以下简称《物权法》）第 42 条第 1 款规定："为了公共利益的需要，依照法律规定的权限和程序可以征收集体所有的土地和单位、个人的房屋及其他不动产。”电力工程是关系到国计民生的基础性工程，具有明显的公益性质，完全可以通过征收集体所有的土地来建设电力工程。根据《中华人民共和国土地管理法》（以下简称《土地管理法》）的相关规定，我国征地批准机关为国务院和省级人民政府。不论是哪个审批机关，审批程序都很复杂，效率较低。[1]是不是所有的电力建设用地都需要走征地程序呢？我们认为应当具体情况具体分析。

电力建设中的用地主要包括两大部分：电力设施用地和电力线路用地。电力设施用地是指发电厂、变电站、开关站、电缆沟、电力线路、杆塔基础及以上电力设施配套用地。电力线路用地是指线路控制的全部用地，包括线路两侧按规定控制的用地，又称电力线路走廊用地和线行用地。

在建设发电厂、变电站、开关站等电力设施时，由于业主的主要的目的就在于利用他人的土地建造建筑物、构筑物及其附属设施并保有所有权。在被占用土地范围内，其他人对该土地完全无法再利用。《物权法》第 135 条规定：“建设用地使用权人依法对国家所有的土地享有占有、使用和收益的权利，有权利用该土地建造建筑物、构筑物及其附属设施。”故业主只能通过获得建设用地使用权来解决，因而应当根据《土地管理法》的规定履行土地征用手续。

---

〔1〕 以省级政府审批为例：第一步是征地告知。第二步是征地调查确认。第三步是组织征地听证。第四步组织报批材料。第五步是报批审查。第六步是缴纳有关税费。第七步是两公告一登记。第八步是补偿安置听证。第九步是补偿安置。

电力线路走廊由于不需要实际占用土地，虽然在一定程度上也会影响其他权利主体对土地的使用，如不能种植过高的植物、不能盖超过安全距离的房屋，但毕竟不会导致权利主体对土地完全无法使用，通过相邻权的方式可以解决土地的适用问题。《物权法》第 88 条规定："不动产权利人因建造、修缮建筑物以及铺设电线、电缆、水管、暖气和燃气管线等必须利用相邻土地、建筑物的，该土地、建筑物的权利人应当提供必要的便利。"似乎无需对电力线路走廊下的土地进行征收，改变土地的所有权。但依据《物权法》的立法精神，"土地权利"延及地表之上的空间。〔1〕因此，电网企业铺设架空输电线路，将涉及《物权法》所保护的他人的土地（尤其是地上的空间）权利；如果铺设输电线路没有合法依据，这将成为典型的民事侵权行为。〔2〕

铺设地下电缆的电缆沟与电力线路走廊虽然有区别，需要占用一定的土地，但这种占用是在地表之下，一般不会影响土地权利人对土地地表的使用。虽然《物权法》第 136 条规定："建设用地使用权可以在土地的地表、地上或者地下分别设立。"该规定是指利用地下来建造建筑物、构筑物及其附属设施。电缆沟不属于建筑物、构筑物及其附属设施，同样可以直接根据《物权法》第 88 条规定来解决土地利用问题。

---

〔1〕 王利明：《物权法论》（修订二版），中国政法大学出版社 2008 年版，第 258 页。

〔2〕 李世刚：《论架空输电线路途经他人土地的合法性与补偿问题——兼谈中国公用地役权的法律基础》，载《南阳师范学院学报》2012 年第 10 期。

但是用来支撑电力线路的杆塔需要占用少量的土地，对此是否需要办理征地手续呢？如果办的话，优点是符合《土地管理法》的要求；缺点则是征地成本高昂，效率低下，且给每一个杆塔发一个土地使用权证也不现实。如果不办的话，效率肯定很高，问题是法律或法理依据何在。对此，各地的规定不统一。

有的地方明确规定不实行征地。如《重庆市供用电条例》第 14 条第 3 款规定："架空电力线路杆、塔基础不实行征地，由电力企业根据杆、塔基础用地权属情况，对土地承包经营权人或集体土地所有权人或建设用地使用权人给予一次性经济补偿，并办理有关用地手续。"《江苏省电力保护条例》第 6 条第 1 款规定："架空电力线路走廊（包括杆、塔基础）和地下电缆通道建设不实行征地，电力建设单位应当对杆、塔基础用地的土地承包经营权人或者建设用地使用权人给予一次性经济补偿。"《黑龙江省电力设施建设与保护条例》第 13 条第 1 款规定："……架空输电线路走廊和地下电力电缆通道建设不实行征地。"《湖北省电力设施建设与保护条例》第 17 条第 2 款规定："架空电力线路走廊（包括杆、塔基础）和地下电缆通道建设不实行征地……"

有的地方性规范要求办理征地手续。如《湖南省电力建设若干规定》第 11 条规定："架空电力线路的铁塔基础用地，由电力企业以县市区为单位统一向省人民政府国土资源行政主管部门提出用地申请，按审批程序办理用地手续。纳入国家和省重点建设项目的电力建设用地，由电力企业向省人民政府国土资源行政主管部门提出用地申请，经审查同意后实施。”并在第12条规定了面积的计算方法：“架空电力线路的电杆、铁塔基础占用土地的面积，按照以下规定计算：①自立式铁塔以其基础外露部分外侧向外延伸1米计算；②电杆、拉线铁塔的主坑和拉线坑按每坑2平方米计算。”

有的地方性规范则语焉不详。如《广东省电力建设若干规定》第10条规定，架空电力线路的杆、塔基础用地，在初步设计审批后，由设计单位按照地级以上市行政区划对沿线的杆、塔基础用地红线图及其占地面积登记造册，由电力企业向沿线所在地地级以上市国土资源行政主管部门备案，不办理土地使用权证。由于只有第11条明确规定，架空电力线路保护区不实行征地，不办理土地使用权证，似乎可以推断杆塔基础用地应当履行征地手续。

有学者认为，电力线路的杆塔、铺设地下电缆的电缆沟用地无需征地，不用办理相关手续，通过设立地役权就可以解决。原因有三：①电力线路的杆塔、铺设地下电缆的电缆沟用地不同于发电厂、变电站、开关站等电力实施的用地。前者的主要目的不在于利用他人土地建造构筑物及其附属设施，而是输送电力，利用他人土地架设电线杆是次要目的，只是为了输送电力不得不采取的手段。这种对土地权利的利用正符合地役权的特质，若一定固执地运用建设用地使用权模式，虽然不是绝对不可以，但有些大材小用。②利用地役权制度，由于无需改变沿途不动产的权属，自然无需采取征收措施，也不存在足额补偿的问题，只需要按照电线杆、管道等占地的情形支付一些地租即可，成本较取得建设用地使用权要低得多。采用建设用地使用权就必须征收集体所有的土地，足额补偿因集体土地所有权、土地承包经营权或宅基地使用权、农田水利等设施所有权、住宅及其附属设施所有权、青苗和树木等所有权灭失，而给集体经济组织、土地承包经营权人或宅基地使用权人、住宅所有权人或有关设施的所有权人造成的损失，成本十分高昂。③采取建设用地使用权的话，如占用了耕地，沿途耕地不再属于集体经济组织，耕地上的土地承包经营权消灭。但电力工程项目的权利人——建设用地使用权人——并不会耕种耕地，依其职能只好闲置耕地，这显然不符合我国保护耕地、不许耕地荒芜的政策。运用地役权则不存在此类麻烦，原因就在于供役地的权属依旧不变，农业承包经营户有权也有义务继续从事农林牧渔的生产经营活动。[1]

《物权法》第156条第1款规定："地役权人有权按照合同约定，利用他人的不动产，以提高自己的不动产的效益。"学界认为"地役权是以他人土地供自己土地便宜之用职权，故地役权是在他人土地上存有负担，以提高自己土地价值之权利。"[2]从地役权的立法和概念来看，地役权的前提是存在两个不动产，其中一个不动产权利人通过合同约定去利用他人的不动产，即自己得先有不动产，然后在别人的不动产上设立地役权。杆塔

---

〔1〕 崔建远：《地役权的解释论》，载《法学杂志》2009年第2期。

〔2〕（台）谢在全：《民法物权论》（中册），中国政法大学出版社2011年版，第221~222页。

的所有权人在没有取得相应的土地使用权，未将杆塔竖起来之前，并无自己的不动产。更何况杆塔能否视为不动产也是一个需要探讨的问题。此外，地役权必须通过合同取得，一条线路往往长达几百公里甚至上千公里。整个全国电网的长度就更是可观。跨越土地之所有权可能有上千个主体，使用权人可能有几十万个主体，要与这么多的主体签订合同，就是使用格式合同，效率低，难度也很大。

《物权法》第91条规定："不动产权利人挖掘土地、建造建筑物、铺设管线以及安装设备等，不得危及相邻不动产的安全。"第92条规定："不动产权利人因用水、排水、通行、铺设管线等利用相邻不动产的，应当尽量避免对相邻的不动产权利人造成损害；造成损害的，应当给予赔偿。"这两个法条所规定的相邻关系能否处理架空线路与土地权利人之间的关系呢？也不行。相邻关系制度旨在保障相邻两个不动产物权效益的正常发挥、彼此不因对方的存在而失常。架设输电线路并非第91条和第92条所言的"铺设管线"。考虑到电力企业在铺设电网前可能并没有取得不动产的所有权，因此，如果要运用相邻关系来解决线缆通行权问题，则必然要先解决在先权利问题，在物权法上，采用相邻关系制度方式"取得通行权存在法律障碍"〔1〕。尽管如此，《物权法》规定的相邻关系制度，对电力企业来说还是颇具有吸引力，因为它是法律对土地权利人的直接限制，具有成本最低优势。同时，它也不侵害他人权利，而是

〔1〕马宗林主编：《物权法与电力企业》，法律出版社2008年版，第118页。

以尊重相邻不动产物权的存在和正常运行为基础，容易为相对人接受。因此，有学者建议对物权法下的“相邻关系”制度作扩大解释，“即电力企业以相邻权的方式取得线缆通行权，电力企业的线缆没有对土地权利人的利益造成损害的，就可以不予任何赔偿。”〔1〕对此，也有学者认为，这种扩大解释虽然兼顾了各方利益，维系了《物权法》内部体系的和谐。不过，这种法律解释技术的实质是，剔除了“相邻”要件，保有其“法定”限制的特色，因此，实际上改变了“相邻关系”的本质，而且用纯私法理念解决涉及公共利益的事项，是否正当，值得商榷。〔2〕

有学者建议通过公共地役权来解决上述难题。〔3〕所谓地役权，是指通过对他人不动产设定负担或者限制的方式以保障自己的便利的权利。他人的不动产如同提供“奴役”一般，因此被称为“供役地”。地役权在欧陆法系国家具有悠久的历史，依据其服务的对象不同，分为以下两种：一是为了某一不动产的使用与便利（“需用地”）而设立的，我们称其为“民事地役权”（比如《法国民法典》第637条所规定的）；二是为了一般公众利益、而非为某一不动产的利益而设立的，我们称其为“行政地役权”（比如《法国城乡规划法典》所规定的）。无论哪种地役权，都是对不动产之上的权利的限制。其中，“民事地

---

〔1〕 马宗林主编：《物权法与电力企业》，法律出版社2008年版，第135页。

〔2〕 李世刚：《论架空输电线路途经他人土地的合法性与补偿问题——兼谈中国公用地役权的法律基础》，载《南阳师范学院学报》2012年第10期。

〔3〕 详细分析参见李世刚：《论架空输电线路途经他人土地的合法性与补偿问题——兼谈中国公用地役权的法律基础》，载《南阳师范学院学报》2012年第10期。

役权”涉及的是两个不动产之间的关系，属于民法物权法的范畴。前述我国《物权法》所规定的地役权就属于这种情况。而“行政地役权”，因为不是为某一特定不动产而设定，不涉及“需用地”，它的存在来源于行政权力，目的是满足社会公益，因此属于行政法的范畴。

《中华人民共和国城乡规划法》（以下简称《城乡规划法》）第 17 条第 2 款规定：“规划区范围、规划区内建设用地规模、基础设施和公共服务设施用地、水源地和水系、基本农田和绿化用地、环境保护、自然与历史文化遗产保护以及防灾减灾等内容，应当作为城市总体规划、镇总体规划的强制性内容。”第 18 条第 2 款规定：“乡规划、村庄规划的内容应当包括：规划区范围，住宅、道路、供水、排水、供电、垃圾收集、畜禽养殖场所等农村生产、生活服务设施、公益事业等各项建设的用地布局、建设要求，以及对耕地等自然资源和历史文化遗产保护、防灾减灾等的具体安排。”第 9 条第 1 款规定了“任何单位和个人都应当遵守经依法批准并公布的城乡规划，服从规划管理”。铺设电网的合法性即在于此。凡是经过公示的城乡规划方案所列举的输电线路的铺设，都可以对抗线路通过的土地权利人。电网公司虽为企业法人，但可因《城乡规划法》的施行而享有“公用地役权”，依合程序、合公益的行政审批文件架设电网。

就电网架设而言，在实践中，依据《城乡规划法》，电网布线的建设单位要经过立项，选定设计单位设计初步路线方案，规划行政主管部门协调、审核，然后建设单位将正式工程施工图报送规划行政主管部门，经审核同意后核发“建设工程规划许可证”，方可开始施工布线。可见，凡是实行各级政府规划方案、依据“建设工程规划许可证”建成的电网，都具有“公共地役权”的性质。

我国的土地所有权要么是国家所有，要么是集体所有。如果塔杆建设在国家所有的土地上，由于塔杆所占土地的面积小且分散，根据公共地役权理论，宜采用无偿划拨的方式加以解决。《物权法》第 137 条第 1 款规定：“设立建设用地使用权，可以采取出让或者划拨等方式。”第 3 款规定：“严格限制以划拨方式设立建设用地使用权。采取划拨方式的，应当遵守法律、行政法规关于土地用途的规定。”基于该款规定，地方法规完全可以规定杆塔用地实行划拨方式，无需办理征地手续。

如果塔杆建设在集体所有的土地上，按照现行法律解决起来就比较麻烦。《土地管理法》第 43 条明确规定了任何单位和个人进行建设，需要使用土地的，必须依法申请使用国有土地。如果严格执行的话，杆塔用地就只能先征收为国有土地，再由国家无偿划拨。这样操作同样存在程序繁琐、效率低下等问题。实际上，《土地管理法》的该条规定已经严重脱离实际，需要进行修改。中国共产党十八届三中全会通过的《中共中央关于全面深化改革若干重大问题的决定》明确指出，要建立城乡统一的建设用地市场。在符合规划和用途管制前提下，允许农村集体经营性建设用地出让、租赁、入股，实行与国有土地同等入市、同权同价。按此规定的话，农村的建设用地无需再转化国有。依然存在的问题是农村集体所有的土地包括很多类：农用地、宅基地、建设用地等。杆塔用地有可能是建设用地，也有可能是农用地和宅基地。此时可以根据《城乡规划法》的相关规定，依据公用地役权理论，通过地方立法规定杆塔无需征地。对土地权利人带来的“直接、有形、确定”的损害，理应给予适当补偿。

第三节 电力设施与其他设施之相邻关系

在电力项目的建设过程中，电力设施与其他设施的相邻关系是一个经常会遇到的问题。[1]《电力法》第55条[2]对此有所规定，但只涉及电力设施与公用工程、城市绿化及其他工程的相邻关系。《电力设施保护条例》第四章专门规定了对电力设施与其他设施互相妨碍的处理，在内容上虽然较《电力法》更为细化，但涵盖面却更为狭小，将电力线路对铁路、公路、桥梁、航道（水道）、水利工程等设施的跨（穿）越问题排除在外，仅涉及妨碍问题，具体包括新建架空电力线路能否跨越储存易燃、易爆物品仓库，房屋；公用工程、城市绿化和其他工程与电力设施相互妨碍时如何处理；电力设施保护区内种植的或自然生长树木、竹子如何处理等问题。《电力设施保护条例实

〔1〕也有一些地方法规不采用现有的、已得到公认的“相邻关系”概念，而是自行生造出一个“相遇关系”概念，如《山东省电力设施和电能保护条例》第二章第三节标题，此种做法实不可取。

〔2〕《电力法》第55条规定，电力设施与公用工程、绿化工程和其他工程在新建、改建或者扩建中相互妨碍时，有关单位应当按照国家有关规定协商，达成协议后方可施工。

施细则》第8条[1]对电缆沟的相邻问题作了规定。第15条[2]对架空线路跨越房屋问题作了进一步规定。第16条[3]对架空

---

〔1〕 第8条规定，禁止在电力电缆沟内同时埋设其他管道。未经电力企业同意，不准在地下电力电缆沟内埋设输油、输气等易燃易爆管道。管道交叉通过时，有关单位应当协商，并采取安全措施，达成协议后方可施工。

〔2〕 第15条规定，架空电力线路一般不得跨越房屋。对架空电力线路通道内的原有房屋，架空电力线路建设单位应当与房屋产权所有者协商搬迁，拆迁费不得超出国家规定标准；特殊情况需要跨越房屋时，设计建设单位应当采取增加杆塔高度、缩短档距等安全措施，以保证被跨越房屋的安全。被跨越房屋不得再行增加高度。超越房屋的物体高度或房屋周边延伸出的物体长度必须符合安全距离的要求。

〔3〕 第16条规定，架空电力线路建设项目和公用工程、城市绿化及其他工程之间发生妨碍时，按下述原则处理：

(1) 新建架空电力线路建设工程、项目需穿过林区时，应当按国家有关电力设计的规程砍伐出通道，通道内不得再种植树木；对需砍伐的树木由架空电力线路建设单位按国家的规定办理手续和付给树木所有者一次性补偿费用，并与其签订不再在通道内种植树木的协议。

(2) 架空电力线路建设项目、计划已经当地城市建设规划主管部门批准的，园林部门对影响架空电力线路安全运行的树木，应当负责修剪，并保持今后树木自然生长最终高度和架空电力线路导线之间的距离符合安全距离的要求。

(3) 根据城市绿化规划的要求，必须在已建架空电力线路保护区内种植树木时，园林部门需与电力管理部门协商，征得同意后，可种植低矮树种，并由园林部门负责修剪以保持树木自然生长最终高度和架空电力线路导线之间的距离符合安全距离的要求。

(4) 架空电力线路导线在最大弧垂或最大风偏后与树木之间的安全距离为：

电压等级	最大风偏距离	最大垂直距离
35千伏~110千伏	3.5米	4.0米
154千伏~220千伏	4.0米	4.5米
330千伏	5.0米	5.5米
500千伏	7.0米	7.0米

对不符合上述要求的树木应当依法进行修剪或砍伐，所需费用由树木所有者负担。

线路与园林工程、树木的相邻关系作了进一步规定。

上述国家层面的规定尚存在以下问题有待解决：一是相邻关系规定涵盖范围较小，仅涉及架空线路与房屋等建筑物、竹木等植物的相邻关系，电缆沟相邻关系，电力设施与公用工程、城市绿化及其他工程的相邻关系。除此以外的相邻关系，如搭挂则未涉及。二是“公用工程、城市绿化及其他工程”的措辞不严谨，过于冗长，完全可以用“其他设施”予以指称。三是公用工程、城市绿化及其他工程虽然涵盖的对象很多，如铁路、公路、水利、电信、航运、城市道路、桥梁、涵洞等均可包括，但其仅规定了电力设施与公用工程、城市绿化及其他工程相互妨碍时，双方有关单位必须按照本条例和国家有关规定协商，就迁移、采取必要的防护措施和补偿等问题达成协议后方可施工。既没有规定协商的原则，也没有规定协商不成、一方提出协商而另一方不予回应等问题该如何处理。这就极有可能导致双方协商不成，最终无法施工。

《物权法》第 84 条对相邻关系的处理非常原则，且有些问题并没有涉及，如处理的程序问题、费用问题等。好在第 85 条规定：“法律、法规对处理相邻关系有规定的，依照其规定；法律、法规没有规定的，可以按照当地习惯。”因此，地方法规可以对电力设施的相邻关系作出具体规定。

对于电力设施与其他设施相邻关系，我们认为可以将其分成以下两种情形：一是电力设施跨（穿）越其他设施，如铁路、公路、桥梁、航道（水道）、水利工程等设施的问题；二是相互妨碍的问题，即双方无法跨越，必需拆迁、挪走一方设施。就第一种情形而言，既然可以跨越，只需解决安全问题、履行何种手续、是否需要缴纳相关费用等问题即可。因此，应当规定电力设施跨（穿）越其他设施时，应符合有关工程规范和技术要求，并采取安全防护措施。工程实施前，电力设施建设单位应当依法向有关行政管理部门或者单位办理相关手续。有关行政管理部门和单位应当在法定时限内予以书面答复；没有法定时限的，应当在收到申请之日起 20 日内答复；逾期未答复的，视为同意。因电力线路穿越给铁路、公路、桥梁、航道（水道）、水利工程设施造成损坏的，电力设施建设单位应当依据有关法律、法规给予补偿。除法律、法规规定外，相关方面不得因电力线路跨（穿）越上述设施收取费用。

就第二种情形而言，涉及需要拆除一方的设施，解决起来比第一种情形要难。根据市场经济下的意思自治原则，当事人如果能够自行协商，达成解决协议则应优先尊重。一旦双方协商不成，或一方不愿协商，则需要事先制定一个解决规则，以备不时之需。各地的地方立法有不同的做法：

第一，采用依法建设和投入使用在先原则。如《甘肃省电网建设与保护条例》第 23 条第 1 款规定：“电网设施与公用工程、城市绿化和其他工程在新建、改建、扩建中相互妨碍时，按照依法建设和投入使用在先的原则协商解决；协商不成的，由规划在后者承担迁移、改造和采取有关措施的成本费用。”

第二，采用依法审批和建设在先的原则。如《云南省电力设施保护条例》第35条规定了电力设施与其他设施相互妨碍的，按照下列规定处理：电力设施建设在前，其他设施建设在后，其他设施的产权人应当自行拆除，拒不拆除的，由有关部门依法拆除。拆除其他设施可能给社会公共利益造成严重损害的，应当由电力设施产权人拆除电力设施，其他设施的产权人应当补偿电力设施产权人因此受到的直接损失。第36条规定：相互妨碍的电力设施与其他设施的建设经过有关部门审批或者核准的，按照以下规定处理：①审批或者核准的部门违反法律、法规或者国家有关规定的，由违法审批或者核准的部门负责排除妨碍；②审批或者核准建设的部门没有违反法律、法规和国家有关规定的，审批或者核准的部门应当共同协商，采取措施排除妨碍。设施产权人应当配合审批或者核准部门排除妨碍。

鉴于电力设施与其他设施不是所有的都需要有关部门审核和批准，因而需要分别处理。对于不需要有关部门审核和批准的，按照投入使用在先原则处理比较合适，即设施投入使用在后的一方应当拆除自己的设施。当相互妨碍的电力设施与其他设施的建设经过有关部门审批或者核准时，鉴于造成妨碍的原因不同，应按照以下规定处理：①审批或者核准的部门违反法律、法规或者国家有关规定的，由违法审批或者核准的部门负责排除妨碍；②审批或者核准建设的部门没有违反法律、法规和国家有关规定的，审批或者核准的部门应当共同协商，采取措施排除妨碍，设施产权人应当配合审批或者核准部门排除妨碍。

在电力设施与其他设施的相邻关系中，电力线路与其他设施的相邻关系最为重要。《物权法》第 84 条对相邻关系的处理作了原则性规定：“不动产的相邻权利人应当按照有利生产、方便生活、团结互助、公平合理的原则，正确处理相邻关系。”不过在适用该条之前需要从理论上解决的一个问题是：电力线路是否系不动产？民法上动产与不动产的划分是相对的，在早期罗马法，因房屋为基本的生活资料，价值最大，其他生产工具乃至生活用品，价值较小，故有动产、不动产的分类，以明晰在城邦不动产所有权转移需经登记，动产无须登记。这一分类延续至今，但发生了某些变化，因后期罗马法对船舶的转让也实行登记，以至到近代社会，汽车、飞机的转让也需登记，有的国家甚至将船舶、飞行器作为不动产予以规定。[1] 现在民法典关于动产、不动产的划分，其本质不在其物理属性上的动与不动，而在其价值之大小。房屋、船舶、飞机之所以需登记，系因其本质上为价值较大的物，且公开存于世上，其所有权的归属必须依登记确认，不登记就难以定其名分，易发生争议。相反，那些价值不大，或是价值较大但并不公然存在于众目睽睽之下的物（如价值较大的机床、仪器），则一般以占有确认其

---

〔1〕 如《俄罗斯联邦民法典》第 13 条第 12 项之二规定：“不动产还包括应进行国家登记的航空器和海洋船舶、内河航运船舶、航天器。法律还可以规定其他财产为不动产。”参见《俄罗斯联邦民法典》，黄道秀、李永军、鄢一美译，中国大百科全书出版社 1999 年版，第 69 页。

归属，有相反证明者为例外。[1] 电力线路短则几十公里，长则几百公里、上千公里，价值不菲。电力线路的所有权人也无法从占有之外观上进行判断，因此将电力线路作为不动产处理比较合理。将电力线路作为不动产处理是否意味着必须根据《物权法》第9条的规定，即“不动产物权的设立、变更、转让和消灭，经依法登记，发生效力”进行登记呢？笔者认为不需要。因为该条还规定，未经登记，不发生效力，但法律另有规定的除外。只要日后在修改《电力法》时，明确规定电力线路的所有权可以不进行登记就可以理顺上述关系。

对于电力线路的跨越问题，具体包括在什么情况下不允许跨越，什么情况下允许跨越？如果允许跨越的话，该怎样跨越，须履行哪些手续，费用由谁承担？就第一个问题而言，需要根据跨越的对象和危险程度进行确定。根据跨越的对象，大致可以分为以下几类：①电力线路与电力线路的跨越；②电力线路与建筑物、构筑物，如房屋、铁路的跨越；③电力线路与植物，如竹木的跨越；④电力线路与其他线路，如电信线路的跨越。根据跨越的先后，可以分为电力线路对其他物体的跨越和其他物体对电力线路的跨越。根据危险程度，可以分为绝对不允许跨越和原则不得跨越和可以跨越。其中，绝对不允许跨越是指电力线路和其他物品相互绝对不允许跨越，如储存易燃、易爆物品仓库的区域。因为这些物品一旦发生燃烧或爆炸，将会危及电力线路的安全，进而危及公共安全。对于绝对禁止相互跨

〔1〕 刘士国：《类型化与民法解释》，载《法学研究》2006年第6期。

越的两个不动产，原则上应当按照后建避让先建的原则进行处理，双方另有约定的除外。如有其他物品先于电力线路存在，电力线路应当绕道。若要求先建的拆除或改建，如位于 500 千伏及以上架空电力线路保护区（即边线垂直投影外侧 5 米的区域内）的住宅建筑物，则双方必须达成协议，费用应当由后建方承担。如不能达成协议，则后建方必须绕道。原则不得跨越是指电力建设项目与其他物体不采取一定措施的就不能跨越的情形。如 220 千伏及以下架空电力线路原则上不得跨越房屋，尤其是居民房屋。原因在于电力线路一旦发生事故，容易危及人身安全。如在特殊情况下需要跨越房屋的，电力设施建设单位应当与房屋所有者达成协议，采取相应安全技术措施。不在禁止性规定范围内的，均属于可以跨越的情形。在所有可以跨越的情形中，安全必须放在第一位，也就说，所有的跨越必须确保安全。如不能确保安全，则不能跨越，应采用其他方式予以解决，如从地下穿越或者搬迁。

电力线路与其他线路除了跨越问题之外，还存在一个搭挂问题。所谓搭挂是指将线缆直接挂在已有的线路上。国内目前最常见的是三线搭挂，即光缆、通信线路搭挂在电力线路杆塔上。按标准，两根电线杆之间只允许有 8 根电线，现实生活中，时常能见到两个线杆之间挂有二三十根线缆的情形。有时由于受路径的影响，绝对不允许搭挂是不现实的，但应征得电力设施产权人的同意。因此在确保安全的情况下，应当允许搭挂。由于搭挂者利用被搭挂者的设施，相应地降低了自己的建设成本，从公平的角度考虑，应当支付给被搭挂者一定的费用。

在处理相邻关系时，存在迁移、改造相关设施的费用以及因迁移、改造相关设施导致的直接损失等问题，这些费用无疑应当由提出迁移改造要求的一方承担，除非双方另有约定。

在电力设施与其他设施的相邻关系中，还有一个比较重要的问题是电力线路与竹子、树木的关系问题。对此需要分为两种情形进行研究：一是线前树后；二是树前线后。

树前线后情形是指林木种植在先，新建架空线路建设工程、项目需要穿越林区，通道内的林木需要砍伐或移植或修剪的情形。架空电力线路下的树木并不是必然会影响线路安全，如高秆树木会影响电力线路安全，但低矮的树木如茶叶树等就不会影响电力线路的安全。对此《电力法》第 53 条第 3 款予以了明确区分，规定："在依法划定电力设施保护区前已经种植的植物妨碍电力设施安全的，应当修剪或者砍伐。"不论是修剪还是砍伐都会对树木所有人的权益造成一定的影响，给予权利人赔偿自不待言。《电力设施保护条例》第 22 条规定了电力设施在新建、改建或扩建中妨碍公用工程、城市绿化和其他工程时，双方有关单位必须按照本条例和国家有关规定协商，就迁移、采取必要的防护措施和补偿等问题达成协议后方可施工。第 24 条第 1 款规定了新建、改建或扩建电力设施，需要损害农作物，砍伐树木、竹子，或拆迁建筑物及其他设施的，电力建设企业应按照国家有关规定给予一次性补偿。《电力设施保护条例实施细则》第16条规定了架空电力线路建设项目和公用工程、城市绿化及其他工程之间发生妨碍时，按下述原则处理：①新建架空电力线路建设工程、项目需穿过林区时，应当按国家有关电力设计的规程砍伐出通道，通道内不得再种植树木；对需砍伐的树木由架空电力线路建设单位按国家的规定办理手续和付给树木所有者一次性补偿费用，并与其签定不再在通道内种植树木的协议。②架空电力线路建设项目、计划已经当地城市建设规划主管部门批准的，园林部门对影响架空电力线路安全运行的树木，应当负责修剪，并保持今后树木自然生长最终高度和架空电力线路导线之间的距离符合安全距离的要求等。

不过，国家层面的规范对于以下问题没有加以规定：①如果协商不成，如果权利人漫天要价该怎么办？②修剪或者砍伐是否需要遵循一定的法律规范？③修剪或者砍伐的主体是谁？④是否需要缴纳相关费用？有些地方电力规范对此予以了完善。

对于第一个问题，有的地方规范没有规定协商程序，而是规定可直接进行砍伐，给予所有者一次性补偿。如《陕西省电力设施和电能保护条例》第17条第2款规定了新建架空电力线路，在电力线路保护区内有危及线路安全的树木、竹子等高秆植物的，建设单位应当按照国家有关电力设计的规程和林业法律、法规的规定予以砍伐，给予所有者一次性补偿。

有的规定先协商，协商不成按法定标准补偿或者进行评估。如《新疆维吾尔自治区电力设施保护办法》第 18 条的规定值得借鉴。该条规定电力企业与建筑物、构筑物、林木等所有人或者经营管理人就补偿标准协商不成的，可以参照国家和自治区规定的有关补偿标准执行；也可以由电力行政主管部门组织专业机构对补偿事项进行评估后，按照评估标准给予补偿。当事人对补偿标准有异议的，可以依法向人民法院起诉。《福建省电力设施保护办法》第 27 条与之相同。我们认为，完全取消协商程序不妥。在市场经济下，对于私益需要尊重当事人的意思自治，故协商程序可以有，但必须规定协商不成时的措施，按法定标准补偿或者评估都是很好的措施，值得借鉴。

对于第二个问题，有些地方规范也明确规定了在砍伐竹子、树木时需要遵守相关林业法律法规。如前引的《陕西省电力设施和电能保护条例》第 17 条第 2 款。再如《江西省电力设施保护办法》第 24 条规定了架空电力线路穿越林区时，应按以下规定砍伐出安全通道（通道的宽度为电力线路两边线间的距离和林区主要树种自然生长最终高度两倍之和）：新建架空电力线路穿越林区的安全通道，由线路建设单位按规定程序报林业行政主管部门批准后砍伐，林业行政主管部门对线路建设单位的申报应尽快办理，并积极协助建设单位执行。对需砍伐的林木由线路建设单位按国家和省有关规定付给其所有者补偿费用，并与其签订不再在通道内种植林木的协议。

对于第三个问题，有的规定首先由树木所有人砍伐，在拒不修剪的情况下，电力企业可自行修剪。如《海南省电力建设与保护条例》第 17 条第 2 款规定：“对电力线路保护区内原有不符合法律法规和国家技术规范强制性要求的安全距离规定的高秆植物，其所有者应当在电力企业告知的期限内予以修剪；拒不修剪的，由电力企业自行修剪。”也有的规定由电力主管部门负责处理。如《浙江省电力设施保护办法》第 24 条规定了位于架空电力线路保护区外的树木等植物，对电力线路安全造成危害的，电力主管部门应当通知产权管理部门或者个人限期予以砍伐、修剪或者采取安全措施；未在期限内砍伐、修剪或者采取安全措施的，由县（市、区）人民政府责令产权管理单位或者个人消除安全隐患。

对于第四个问题，除个别地方规范，如《广东省电力建设若干规定》外，基本没有规定是否需要交纳相关费用。其第 12 条第 1 款规定了新建架空电力线路距离地面较低，可能危及电力设施安全，需要砍伐林木的，应当依法缴纳林木补偿费、林地补偿费和森林植被恢复费等费用；架空电力线路距离地面较高，不需要砍伐林木的，不缴纳林木补偿费、林地补偿费和森林植被恢复费等费用。

线前树后是指线路在先，已经形成了电力设施保护区或线路走廊。相邻关系人在走廊或保护区内种植树木，妨害、危及电力线路的安全运行或者已经造成了实际的损害。针对此种情形，《电力法》第 53 条第 2 款规定：“任何单位和个人不得在依法划定的电力设施保护区内修建可能危及电力设施安全的建筑物、构筑物，不得种植可能危及电力设施安全的植物，不得堆放可能危及电力设施安全的物品。”第 53 条第 3 款规定：“在依法划定电力设施保护区前已经种植的植物妨碍电力设施安全的，应当修剪或砍伐。”第 69 条规定：“违反本法第 53 条规定，在依法划定的电力设施保护区内修建建筑物、构筑物或者种植植物、堆放物品，危及电力设施安全的，由当地人民政府责令强制拆除、砍伐或者清除。”

《电力设施保护条例》第 15 条规定：“任何单位或个人在架空电力线路保护区内，必须遵守下列规定：……④不得种植可能危及电力设施安全的植物。”第 24 条第 2 款规定：“在依法划定的电力设施保护区内种植的或自然生长的可能危及电力设施安全的树木、竹子，电力企业应依法予以修剪或砍伐。”

《电力设施保护条例实施细则》第 18 条规定了在依法划定的电力设施保护区内，任何单位和个人不得种植危及电力设施安全的树木、竹子或高杆植物。电力企业对已划定的电力设施保护区域内新种植或自然生长的可能危及电力设施安全的树木、竹子，应当予以砍伐，并不予支付林木补偿费、林地补偿费、植被恢复费等任何费用。

从国家层面的规范来看，对于线路保护区范围种植的影响线路安全的树木必须进行修剪或者砍伐是很明确的，并不予补偿或赔偿。关键是应当由谁来砍伐树木。根据《电力法》第 53 条第 2 款的规定，第一主体自然是竹木种植者，他们是违法的始作俑者，理当消除违法行为对电力设施安全运行的影响；根据《电力法》第69条的规定，第二主体是当地政府或电力管理部门；根据《电力设施保护条例》和《电力设施保护条例实施细则》的规定，第三主体才是供电企业。但在实践中，第一、第二主体基本不会履行其职责。砍伐的主体主要是第三主体——供电企业。但供电企业在砍伐树木时面临很多现实困难。困难之一是电力企业与违法种植树木者是平等的民事主体，要动真格地砍伐竹木，轻则遭到拒绝、阻挠，重者被围攻殴打或者吃官司。困难之二是程序复杂。《森林法》第32条第2款规定了国有林业企业事业单位、机关、团体、部队、学校和其他国有企业事业单位采伐林木，由所在地县级以上林业主管部门依照有关规定审核发放采伐许可证。第39条第2款规定了滥伐森林或者其他林木，由林业主管部门责令补种滥伐株数五倍的树木，并处滥伐林木价值2倍以上5倍以下的罚款。且没有规定在紧急情况下，砍伐树木是否还需要按照《森林法》的相关规定办理手续。

为解决上述难题，有的地方立法进行了非常有益的探索。由于修剪和砍伐是两种完全不同的处理方法，对树木所有人的权益影响也不一样。地方立法基本上倾向于鼓励多修剪，少砍伐。但就是修剪，有时也会遇到树木所有人的反对。有的地方立法规定先协商，协商不成时由电力设施产权人或者管理人（有关行政管理部门）同意直接修剪。如《广西壮族自治区电力设施保护办法》第35条规定已建电力设施与林区、城市绿化、公路行道树以及个人所有树木之间发生妨碍时，电力设施产权人或者管理人应当与树木产权人协商修剪，协商不成的，报有关行政管理部门同意后由电力设施产权人或者管理人进行修剪。有的地方区分城镇规划区内外，规划区内，修剪、砍伐需要征得园林绿化部门同意；规划区外，修剪不需要同意，砍伐才需要向林业主管部门申请。如《海南省电力建设与保护条例》第 17 条第 3 款规定：电力线路保护区内新种植或者自然生长的高秆植物可能危及电力设施安全的，应当按照以下规定办理：①在城镇规划区范围内的，电力设施产权人或者管理人应当征得园林绿化主管部门同意后按照规定的安全距离，以兼顾线路安全和树木正常生长为原则直接予以修剪、砍伐，或者请求园林绿化主管部门予以修剪、砍伐，并不予赔偿、补偿；②在城镇规划区范围外的，电力设施产权人或者管理人可以按照规定的安全距离直接予以修剪；严重危及电力设施安全的，可以向林业主管部门申请砍伐，并不予赔偿、补偿。

对于紧急情况下，电力设施产权人或管理人能否直接砍伐树木，地方立法都规定可以，区别在于有的列举具体情形，有的采用概括规定方式。前者如《湖北省电力设施建设与保护条例》第 39 条的规定：“有下列情形之一的，电力设施所有人、管理人可以对林木先行采取修剪、砍伐或者其他处理措施，事后应当及时通知林木所有人或者管理人，并按照有关规定补办相关手续：①林木已经严重危及电力设施安全或者人身安全，需要采取紧急措施处理的；②因林木造成电力供应中断，需要尽快恢复供电的；③处置电力设施突发事件，需要采取相应应急措施的。”后者如《江西省电力设施保护办法》第26条规定：“因不可抗力或者生产、交通等事故，造成树木倾斜、倒伏可能危及电力线路安全的，电力企业可以先行修剪、砍伐树木或者采取其他必要的安全措施，并自采取措施之日起30日内到林业、城市绿化等主管部门补办手续。”

第四节　住宅小区供电设施建设

住宅小区供电设施建设，是指自上级电源高压T接箱电源出线至住户“一户一表”电表箱止的所有供电配套设施、线路及安装工程。它包括工程设计、高压T接箱、高压出线、变配电房、低压线路、低压T接箱、“一户一表”表箱等工程。

在2002年《国家计委、国家经贸委关于停止收取供（配）电工程贴费有关问题的通知》（计价格〔2002〕98号）[1]发布之前，各地居住区红线内供配电设施由供电公司按照装表容量收取贴费后组织建设。2002年国家停止收取贴费后，各地居住区供配电设施均由开发商投资建设。建成以后的维护模式分为三种情况：第一种维护模式是“移交”，即开发商将自建的受电设施产权转移给供电企业，由供电企业负责维护。具体包括无偿移交和有偿移交两类，即供电企业以适当价格获得小区配电

---

〔1〕供电工程贴费，是指在用户申请用电或增加用电容量时，供电企业向用户收取的用于建设110千伏及以下各级电压外部供电工程建设和改造等费用的总称。

资产的产权。第二种维护模式是“代管”，即开发商基于自建的受电设施运行维护有困难，便委托供电企业或具备电力运维资质的单位代为运行维护管理，并签订委托协议，向其支付运行维护费。代管模式与移交模式最根本的区别就在于其产权仍然属于客户。第三种维护模式是“客户自管”，即客户自行负责其自建的受电设施的运行维护，并承担运维和安全责任。

无论采用前述哪种维护模式，都会给供电企业带来比较大的麻烦。对于第一种和第二种维护模式，由于新建住宅小区供电配套设施由房地产开发商自主建设，为降低建设成本，经常降低建设标准，导致用电可靠性不高、设备运行损耗偏大等问题。对于第三种维护模式，有些物业公司在小区发生电气故障后，推诿塞责，不及时处理电气突发事故，甚至不管电气设备的维修，出问题后直接给供电企业打电话，要求供电企业负责维修。供电企业基于优质服务的理念，只得派出员工进行抢修，这不仅给用户带来了用电的不便，也给供电企业带来了服务压力。为解决这一问题，各地在积极进行探索，有的还通过地方立法来解决这一问题。

解决的方案主要有两种：一种方案是继续由新建住宅小区开发商自行建设供电设施，但供电企业加强对工程的指导和检验，或对用户提出具体要求。前者如《甘肃省供用电条例》第22条规定：“用户受电工程建设与改造，应当按规定程序向供电企业申报并办理相关手续；供电企业应当提供相应的业务、技术咨询，并对用户受电工程进行检验，发现用户受电设施存在隐患时，应当及时告知用户并指导其制定解决方案。”后者如《天津市供电用电条例》第23条规定：“用户建设受电设施，其工程的设计、建筑、安装、试验和运行，应当符合国家和电力行业标准。用户应当加强受电设施管理，对受电设施的安全负责，及时对受电设施进行检查、检修和试验，消除对电网安全和电能质量的不良影响。”

另一种方案是采用收取新建住宅小区供电配套设施工程费的办法来解决问题。基本思路是：向开发商收取新建住宅小区供电设施配套建设费，由供电企业按照国家有关标准统一组织实施新建住宅小区及公用建筑的用电设施建设，并按照“一户一表”的方式进行管理和服务。贵州省第一个采用该方案并制定地方政府规章，在自2014年3月1日起施行的《贵州省新建住宅区供配电设施建设维护管理办法》（2017年10月10日已废止）里对该方案作了详细规定。该办法第15条第1款规定，开发建设单位应当按照《建设工程规划许可证》所核定的建筑面积，根据建设协议约定，按照新建住宅区开发进度，分期分批向供电企业支付供配电设施建设费用。第9条第1款规定，供电企业负责组织新建住宅区供配电设施的建设，承担建设过程中的质量、安全责任，接受相关行政主管部门的监管。第10条规定，新建住宅区供配电设施建成后，供电企业负责管理、维修和养护，实行供电到户、管理到户、抄表到户、收费到户。随后跟进的有辽宁、江苏、上海、山东、陕西、河北等多个省市，规定与贵州省大同小异，对收费标准通过配套规章也予以了明确，如《上海市物价局关于规范本市新建住宅供电配套工程收费的通知》（沪价管〔2015〕4号）第2条对供电配套工程收费标准进行了明确规定：①新建住宅每户建筑面积供电配套基本容量配置标准，按照本市建设主管部门发布的有关住宅设计标准执行。②新建住宅供电配套工程收费按平方米建筑面积收取，计费面积为项目批准的建筑面积（包括住宅小区内公建设施）。具体收费标准为：外环线以内为每平方米165元；外环线以外全电缆工程为每平方米140元，架空线与电缆结合工程为每平方米125元。③用户对住宅电力容量配置要求超过基本容量配置标准的，每户配置标准每提高1千瓦，收费标准上浮10%。④住宅建设单位因场地狭小要求采用地下站供电并使用小型化设备，配置成本较高的，收费标准可据实适当上浮，上浮幅度最高不超过20%。⑤本市将根据电力配套工程建设市场的发展及有关建设成本的变化，适时调整有关收费标准。第3条规定了经市住房保障房屋管理局批准的市属保障性住房、以及本市农民宅基地置换试点地区的供电配套工程费按上述标准的90%收取。

上述第二种方案在法律方面面临的最大问题是：是否存在违反《中华人民共和国反垄断法》（以下简称《反垄断法》）相关规定的风险？《反垄断法》第3条规定的垄断行为包括：①经营者达成垄断协议；②经营者滥用市场支配地位；③具有或者可能具有排除、限制竞争效果的经营者集中。第37条规定，行政机关不得滥用行政权力，制定含有排除、限制竞争内容的规定。尽管从字面上看，这两条针对的主体是公用企事业单位和行政机关，立法机关不在限制之列。地方立法将小区电力设施的设计、施工权交给供电企业，至少在形式上，不能说是违反《反垄断法》的规定。但从《反垄断法》的立法目的看，在小区电力设施的设计、施工主体很多，市场竞争非常充分的今天，地方立法将小区电力设施的规划、设计、施工交由电力企业，无疑有排除、限制竞争，有限定他人购买其指定的经营者的商品的嫌疑，容易引发公众的质疑。从举重以明轻的角度看，立法既然禁止行政机关有上述行为，比行政机关权力更大的立法机关当然也在禁止之列。

《反垄断法》第 7 条虽然规定，国有经济占控制地位的关系国民经济命脉和国家安全的行业以及依法实行专营专卖的行业，国家对其经营者的合法经营活动予以保护，并对经营者的经营行为及其商品和服务的价格依法实施监管和调控，维护消费者利益，促进技术进步。电力行业属于关系国民经济命脉和国家安全的行业，但电力建设并不属于国家允许的垄断行业。

此外，“供电、抄表、收费、服务”属于供电业务，小区供电设施的规划、设计、施工属于电建业务，二者的性质各异且可以分开。电建业务不过是电力企业管理和维护小区电力设施的物质基础和前提条件而已。要实现“供电、抄表、收费、服务”四到户的目的，只需要将小区电力设施的管理与维护权交给电力企业即可，没有必要一定要将二者捆绑在一起。地方立法将电建业务赋予供电企业的话，与电力体制改革中主辅分离的大方向也不吻合，建议地方立法不要作此类规定，供电企业也不要参与电建业务。地方立法只需规定在小区电力设施建成后，开发商必须将供电设施的管理和维护权移交给电力企业就可以实现四到户的目的。

鉴于其他企业完成的小区电力设施的规划、设计、施工质量对于电力企业日后的管理和维护有重大影响，供电企业完全不参与，可能对供电企业日后的管理和维护产生严重影响。对此，完全可以通过第一种方案加以解决，即地方立法可以规定小区开发单位在施工前需就小区电力设施的规划、设计、施工方案征求供电企业意见；供电企业如有意见应及时提出；工程的验收必须通知供电企业参加。

也正是因为第二种方案存在上述问题，不断有人向国家发展改革委举报，反映部分省级人民政府所属部门指定供电企业，统一建设新建居民住宅小区供配电设施并统一收费，涉嫌滥用行政权力，排除限制竞争。国家发展改革委组织开展了调查，分别听取了有关部门、供电企业、房地产企业和住宅业主的意见。在此基础上，督促相关地方对照《反垄断法》，清理纠正排除限制竞争的规定和做法。全国共有 12 个省（自治区、直辖市）政府部门出台了“统一收费、统一建设”政策。截至 2017

年 2 月，这 12 个省份已全部完成清理调整工作。[1]

---

〔1〕《发改委已清理纠正 12 个省份的“新居配”中排除限制竞争行为》，载 http：//www.chinadevelopment.com.cn/fgw/2017/02/1119878.shtml，最后访问日期：2019 年 4 月 6 日。详细清理调整工作如下：

(1) 2016 年 6 月 30 日，重庆市人民政府办公厅明确，停止执行《重庆市新建居民住宅小区供配电设施建设管理办法（试行）》。

(2) 2016 年 11 月 7 日，贵州省发展改革委明确，暂停执行新建住宅区供配电设施建设费收费标准。

(3) 2013 年 9 月 1 日，山西省物价局明确表示，《关于新建住宅小区供电设施工程费（试行）的批复》试行一年期满，停止实施。

(4) 2016 年 1 月 12 日，辽宁省物价局发布《关于完善新建住宅供电工程建设收费的通知》，删除了“统一收费、统一建设”内容。

(5) 2016 年 8 月 15 日，吉林省物价局发布《关于完善向新建住宅小区收取电力配套设施工程费的通知》，删除统一建设规定。

(6) 2016 年 1 月 15 日，河北省物价局和住建厅废止原《河北省设区市市区新建住宅小区电力设施建设费管理暂行办法》。

(7) 2016 年 6 月 7 日，黑龙江物价监督管理局废止原《黑龙江省新建住宅供电设施工程收费管理办法》。

(8) 2016 年 6 月 28 日，甘肃省发展改革委废止原《关于新建居民住宅供配电工程建设暂行收费标准的通知》。

(9) 2016 年 11 月 16 日，江西省发展改革委决定自 12 月 1 日起，放开新建住宅供配电设施建设收费标准，由项目建设单位与供配电设施施工企业协商确定。

(10) 2016 年 12 月 16 日，天津市发展改革委决定自 2017 年 3 月 1 日起，新建住宅电力工程建设费实行市场调节，房地产开发企业可自主选择电力设施建设企业，费用标准由双方协商确定。

(11) 广西壮族自治区政府于 2017 年 1 月 23 日召开第 89 次常务会议，决定废止《广西壮族自治区新建住宅小区供配电设施建设维护管理办法》，近期将公布相关文件。

(12) 青海省发改委决定停止执行现行配套费政策，废止《青海省城市新建房屋供配电工程配套费管理暂行办法》，从 2017 年 1 月 24 日起暂停向房屋开发建设单位收取供配电工程配套费。

第六章 电力设施

第一节 电力设施产权分界点

电力作为一种商品，在市场中进行交易、流通时，具有显然不同于一般商品的特殊性。①它是一种无形的商品，其生产、流通、交易、消费等环节都需要借助一定的设施才能完成。②由于电力商品的产、供、销、用属于一条龙，电力设施具有整体性，相互连接在一起。③相互联系在一起的电力设备由于分属于电力生产者、经营者和使用者等不同的主体，因而需要确定一个产权分界点。

电力设施产权分界点（分界处）是指相互连接的电力设施的资产归属，在地理上或电气上划开的位置。电力设施产权分界点，具有非常重要的法律功能。产权分界点的功能包括直接功能和衍生功能。前者是指产权分界点规范直接规定的功能，如《供电营业规则》第 47 条的规定，即供电设施的运行维护管理范围，按产权归属确定。地方电力规范对产权分界点的直接功能可归纳为三种模式：一是将其功能定位于划分维护管理范围。如《青海省供用电条例》第15条规定，供用电设施的维护管理范围，按产权归属确定。二是定位于划分运行维护管理及安全责任范围。如《重庆市供用电条例》第26条规定，供用电设施的运行维护管理及安全责任范围的责任分界点按下列各项确定……《天津市供电用电条例》第9条规定，供电设施与受电设施的分界以及责任分界点……其虽没有说明具体包括哪些责任，也应当属于第二种模式。三是定位于划分投资、产权归属和维护管理范围。如《中国（广东）自由贸易试验区珠海横琴新区片区供用电规则》（以下简称《横琴规则》）第21条第1款规定，以380/220伏电压供电的客户，供电设施与受电设施的分界点为客户接入低压开关出线端的连接点，分界点电源侧由电网企业投资建设、享有产权并承担维护管理责任，分界点客户侧由客户投资建设、享有产权并承担维护管理责任。

产权分界点的衍生功能是指其他规范赋予产权分界点的功能。主要有：①确定电能计量表安装位置的功能，《供电营业规则》第74条规定，用电计量装置原则上应装在供电设施的产权分界处。②确定供用电合同履行地的功能，《合同法》第178条规定，供用电合同的履行地点，按照当事人约定；当事人没有约定或者约定不明确的，供电设施的产权分界处为履行地点。③确定侵权主体的功能。《中华人民共和国侵权责任法》（以下简称《侵权责任法》）第73条规定，从事高空、高压、地下挖掘活动或者使用高速轨道运输工具造成他人损害的，经营者应当承担侵权责任。在所有人同时也是经营者的情况下，所有人也就是侵权人。④发生纠纷时确定管辖法院的功能。《民事诉讼法》第23条规定，合同纠纷案件由被告住所地或者合同履行地人民法院管辖。该法第28条规定，因侵权行为提起的诉讼，由侵权行为地或者被告住所地人民法院管辖。

产权分界点的种类包括电气分界点与非电气分界点。电气分界点是以相连接的电气设备上的某一点如接线端子作为分界点。非电气分界点是指以电气设备以外的物，如支撑物作为分界点。《供电营业规则》第47条均认可，并对非电气分界点予以直接规定，如35千伏及以上公用高压线路供电的，以用户厂界外或用户变电站外第一基电杆为分界点；第一基电杆属供电企业；电气上的具体分界点，由供用双方协商确定。《青海省供用电条例》第15条主要采用非电气分界点，但该条第1款第4项规定接入公网的高压线路，产权分界点在接入点以下20厘米处，采用的是电气分界点。大部分规定只采用一类，如《重庆市供用电条例》第26条只采非电气分界点；《天津市供电用电条例》第9条则仅采电气分界点，如规定10千伏及以上架空线路供电的，以公用电力设施与用户专用支线电缆头接线端子为分界点，分界点及以上电源侧属于供电设施；而《横琴规则》第21条第1款规定，以380/220伏电压供电的客户，供电设施与受电设施的分界点为客户接入低压开关出线端的连接点，无疑采用的也是电气分界点。

产权分界点的确定方式有两种模式：一是以法定为主，协商为辅。如《重庆市供用电条例》第 26 条第 1 款规定了 5 种供用电设施的运行维护管理及安全责任范围的责任分界点的确定方式；第 2 款规定了其他情形由供用电双方约定运行维护管理及安全责任范围，约定不成的以产权分界点为准。二是以协商为主，法定为辅。如《天津市供电用电条例》第 9 条规定了供电设施与受电设施的分界以及责任分界点，由供电企业与用户在供用电合同中约定；双方没有约定或约定不明确的情况下的确定原则。《青海省供用电条例》第 15 条第 1 款规定了供用电设施的维护管理范围，按照产权归属确定以及责任分界点的确定规则；第 2 款则规定了供电企业与电力用户对责任分界点，在供用电合同中另有约定的，按照约定执行。

产权分界的具体位置的确定，采用非电气分界点方式的，《供电营业规则》第 47 条规定了具体的确定规则，即①公用低压线路供电的，以供电接户线用户端最后支持物为分界点，支持物属供电企业；②10 千伏及以下公用高压线路供电的，以用户厂界外或者配电室前的第一断路器或者第一支持物为分界点，第一断路器或者第一支持物属供电企业；③35 千伏及以上公用高压线路，以用户厂界外或者用户变电站外第一基电杆为分界点，第一基电杆属供电企业；④采用电缆供电的，本着便于维护管理的原则，分界点由供电企业与用户协商确定。⑤产权属于用户且由用户运行维护的线路，以公用线路分支杆或者专用线路接引的公用变电站外第一基电杆为分界点，专用线路第一基电杆属用户；⑥在电气上的具体分界点，由供用双方协商确定。

后续立法中也采用非电气分界点方式的，基本采用《供电营业规则》第 47 条的规定。由于采用电气分界点的规范较少，目前见到的仅有《天津市供电用电条例》和《横琴规则》，且后者仅涉及 380 伏和 220 伏。不过就 380 伏和 220 伏电压而言，二者规定也不一致。《天津市供电用电条例》第 9 条第 1 款第 3 项规定，380 伏、220 伏供电的，以供电接户线与用户进户线的搭接点为分界点，分界点及以上电源侧属于供电设施；其中居民用户一户一表用电的，以用电计量电能表出线接线端子为分界点，分界点及以上电源侧属于供电设施。而《横琴规则》第 21 条第 1 款则规定，以 380/220 伏电压供电的客户，供电设施与受电设施的分界点为客户接入低压开关出线端的连接点。

就产权分界点直接功能的三大模式而言，第三种模式显然最为合理，值得肯定。将产权分界点直接功能仅限于划分供用电设施的维护管理和安全责任，过于狭隘，已不符合实践需要，应予以拓展，一定要将划分投资范围之功能纳入。供电设施应当由供电企业投资，用电设施由用户投资虽明白无误，但前提是得先确定好二者的分界点，然后才能确定各自的投资主体。位置不同，投资主体需要投入的资金可能差别甚大。比如说将分界点确定在用户用电地址规划红线外，那红线以内就都属于用电设施，得由用户自己投资。如确定在用户用电地址规划红线内，那红线以内就有部分设施属于供电设施，就得由供电企业投资。实践中，有些供电企业已经利用分界点来规范供用双方的投资范围。如《广东电网有限责任公司业扩工程投资界面执行工作指引（试行）》规定的业扩工程投资界面延伸标准就是产权分界点。如对于中压（10千伏~20千伏专变）客户：对于电缆线路供电的中压客户，在其规划用电区域红线范围内提供公用配电房，电网公司投资的公用环网柜应设置于该公用配电房内；以客户线路接入公用环网柜的连接点（电缆终端头）为投资分界点，分界点电源侧设施由电网公司投资建设，分界点负荷侧设施（含电缆终端头）由客户投资建设。对于采用架空线路供电的中压客户，以客户红线外第一基杆塔（供电企业应将架空线路延伸至客户红线外50米内）为分界点，分界点电源侧设施由电网公司投资（含杆塔、开关），分界点负荷侧设施由客户投资建设。由此可见，将产权分界点的功能拓展至划分投资范围上，不仅有助于消除供电企业与用户在投资范围上的争端，而且还能使“谁的范围谁投资”“谁投资谁拥有产权”“谁拥有产权谁负责”的完整链条得以形成。

一旦产权分界点功能被拓展至划分投资范围，鉴于供用电设施的投资一般都很大，把分界点往这头还是那头挪动一米，必然会对供电企业和客户的投资额造成一定影响。在此情况下，如果由供用电双方来协商产权分界点的话，可能达不成协议或成本高昂。因此，应当采法律直接规定为主，当事人协商为辅的方式。如果当事人愿意改变法律规定的产权分界点，基于意思自治原理，法律不应禁止。

《供电营业规则》的规定虽具有一定的合理性，但显然已经落后于时代。表现为：①该规则制定于电力体制尚未改革前的1996年。当时厂网尚未分开，只存在划分供电企业（包括电力生产企业和电网企业）与电力用户的责任分界点，不存在划分电力生产企业与电网企业的责任分界点的问题。②该规定与《合同法》的第178条存在冲突。《合同法》第178条规定："供用电合同的履行地点，按照当事人约定；当事人没有约定或者约定不明确的，供电设施的产权分界处为履行地点。"也就是说，责任分界点的确定首先应当尊重当事人的意愿，实行约定优先原则；只有在没有协议或者达不成协议的情况下，才执行法定责任分界点。③上述规定过于笼统，不符合分界点的要求。分界点，顾名思义应当是一个点。《供电营业规则》中的大部分规定却是以支撑物作为分界点，而支撑物实际上是用来支撑架空线路的，用户的线路需连接到架空线路上，而不是支撑物上。因此用户的线路与架空线路的连接点才是交接点。产权分界点的种类，应当放弃非电气分界点，仅采电气分界点。这是因为非电气分界点看似具体，实则过于笼统，不具有可操作性。比如以支撑物作为分界点，将会存在以下问题：一是支撑物上的电气设备，如横担、拉线、金具等由谁投资不好确定。《供电营业规则》第47条第1款第1项规定，公用低压线路供电的，以供电接户线用户端最后支持物为分界点，支持物属供电企业。按此规定，既然支撑物属于供电企业，那该支撑物就应由供电企业投资，但由于横担、拉线、金具等与支撑物是可以分离的，似乎并不能直接认定投资主体是供电企业，供电企业与用户之间为此仍有可能发生争议。二是发生触电后的责任主体不好确定。《供电营业规则》第 47 条第 1 款第 2 项规定，10 千伏及以下公用高压线路供电的，以用户厂界外或配电室前的第一断路器或第一支持物为分界点，第一断路器或第一支持物属供电企业。假设用户在第一支持物上处理自己的线路时发生触电，责任主体是谁呢？也许是考虑到了这一问题，《供电营业规则》第 47 条第 2 款又规定，在电气上的具体分界点，由供用双方协商确定。一旦当事人就电气上的分界点达成协议，非电气分界点就毫无意义。既然如此，还不如直接采用电气分界点，一步到位。以电气设备相连的某一点如电缆头接线端子或引线搭接点作为分界点，相较于支撑物而言非常小，不会再有中间状态存在，能够彻底地将供用电设施分开。按照该电气分界点，前述的触电事故就应当由用户自己负责。④对于电缆供电的分界点没有作出规定，而是完全委诸当事人的约定。法定分界点起的就是兜底作用，用来填补当事人没有约定或约定不明的情形。《供电营业规则》显然起不到这种作用。⑤《供电营业规则》第 47 条的规定会导致其第 74 条与国务院《电力供应与使用条例》第 26 条的规定无法实施。前者规定："用电计量装置原则上应装在供电设施的产权分界处"；后者规定："用电计量装置，应当安装在供电设施与受电设施的产权分界处"。上述这些分界点显然无法安装计量装置。由此可见，《供电营业规则》第 47 条已经不能适用于电力体制已经发生了翻天覆地变化的今天，需要根据现今的具体情况重新确定责任分界点。

电力设施产权的分界点应当根据《物权法》的基本原理进行确定。电力设施由于投资主体的不同，其所有权的主体也不同。比如，电表如由居民出资购买，其所有权就归居民；由供电企业出资就归供电企业所有。大用户为电力输送需要，自行投资建设输电线路，该线路的所有权就归大用户。当分属于不同所有权主体的物体无需联系在一起时，如小汽车，就不存在分界点的问题。但电力设施却不一样，只有将所有权分属于不同主体的电力设施联系起来，才能完成电力的输送，分界点的问题也就随之产生。根据上述原理，电力设施的初次分界点原则上就应当是所有权分属不同主体的电力设施的交汇点。比如，城市普通居民用电，如果电表及进表线均由电网企业投资，电表出线及户内设施由用户投资，则分界点为电表的出线接线端子。农村村民用电，如果电表及从公用线路到电表的进户线均由村民投资，则分界点就是用户电表进线与公用线路的交接点。

鉴于所有权主体对自己享有所有权的电力设施可以进行处分，当电力设施的所有权发生转移时，分界点也相应发生改变。如《国务院批转国家经贸委关于加快农村电力体制改革加强农村电力管理意见的通知》规定，乡及乡以下农村集体电力资产可采取自愿上交、无偿划拨的方式由县级供电企业管理，并由其承担维护管理责任。移交后，所有权就发生了转移。原来县级供电企业与乡电力设施之间的分界点就不复存在了。县级供电企业与农村用户之间从原本不存在分界点变成了有分界点。

鉴于初始投资并不具有最终决定电力设施所有权分界点的

功能，笔者认为，各种电力设施所有权的分界点，应由各方在合同中约定；没有约定或者约定不明确的，按照下列原则确定：

电网企业与电力用户的分界点为：

（1）10 千伏及以上架空线路供电的，以公用电力设施与用户专用支线连接处的引线搭接点为分界点，分界点及以上电源侧属于供电设施。

（2）电缆供电的，以公用电力设施与用户专用支线相连接的电缆头接线端子为分界点，分界点及以上电源侧属于供电设施。

（3）380 伏、220 伏供电的，以供电接户线与用户进户线的搭接点为分界点，分界点及以上电源侧属于供电设施；其中居民用户一户一表用电的，以用电计量电能表出线接线端子为分界点，分界点及以上电源侧属于供电设施。

（4）采用环网形式供电的，非电缆线作搭火引线的，以穿墙套管电源侧的接线端子为分界点；电缆线作搭火引线的，以该电缆电源侧的电缆头接线端子为分界点，分界点及以上电源侧属于供电设施。

电力生产企业与电网企业的分界点为：电力生产企业升压站出线构架。

电力生产企业直购电大用户的分界点为：

（1）通过直购电大用户自己线路进行电力输送的，为电力生产企业升压站出线构架。

（2）通过电力生产企业线路进行电力输送的，为大用户侧电能计量表出线接线端子。

第二节　电力设施的维护

电力设施维护的主要内容是确定维护主体。《供电营业规则》第 46 条对用户独资、合资或集资建设的输电、变电、配电设施建成后的维护责任作了规定；第 47 条规定了供用电设施的维护管理范围，按照产权归属确定。

上述规定主要存在下列问题：①《供电营业规则》第 46 条和第 47 条的顺序倒置。立法应当按照原则与例外的顺序进行，即应当规定确定维护责任主体的一般原则，然后再规定特殊情形。第 46 条规定是特殊情形，第 47 条规定的却是一般情形，正好与正常立法顺序颠倒。②第 46 条中的第 2、3、5 项与第 47 条雷同，系重复规定。③条文不够精炼。如通过合同委托供电企业维护的，第 2 项和第 3 项重复规定。

对于电力设施的维护主体的确定，应当分三个层次进行。一是按照产权确定，即产权归谁则维护责任归谁。在产权分界点确定之后，相应的维护责任主体也就可以确定。二是按照合同确定，即产权人可以通过合同约定将维护责任委托给他人。三是对于一些特殊情形的维护由法律直接作出规定。比如当产权归属不同主体的设备同时存在于一空间时，应当确定由一个主体负责维护。

第三节 电力设施的保护

为保护电力设施，国务院专门颁布了《电力设施保护条例》。该条例采取的是分类保护的方法，即将电力设施分为发电、变电设施与电力线路两大类。第 8 条规定了发电设施、变电设施的保护范围，第 9 条[1]规定了电力线路设施的保护范围。随后规定对这些保护范围（实为保护对象）的禁止行为。该条例第 13 条[2]规定的是禁止对发电、变电设施实施的行为；

---

[1]《电力设施保护条例》第 9 条规定的电力线路设施的保护范围有：

(1) 架空电力线路：杆塔、基础、拉线、接地装置、导线、避雷线、金具、绝缘子、登杆塔的爬梯和脚钉，导线跨越航道的保护设施，巡（保）线站，巡视检修专用道路、船舶和桥梁，标志牌及其有关辅助设施。

(2) 电力电缆线路：架空、地下、水底电力电缆和电缆联结装置，电缆管道、电缆隧道、电缆沟、电缆桥，电缆井、盖板、入孔、标石、水线标志牌及其有关辅助设施。

(3) 电力线路上的变压器、电容器、电抗器、断路器、隔离开关、避雷器、互感器、熔断器、计量仪表装置、配电室、箱式变电站及其有关辅助设施。

(4) 电力调度设施：电力调度场所、电力调度通信设施、电网调度自动化设施、电网运行控制设施。

[2]《电力设施保护条例》第 13 条规定的任何单位或个人不得从事下列危害发电设施、变电设施的行为有：

(1) 闯入发电厂、变电站内扰乱生产和工作秩序，移动、损害标志物。

(2) 危及输水、输油、供热、排灰等管道（沟）的安全运行。

(3) 影响专用铁路、公路、桥梁、码头的使用。

(4) 在用于水力发电的水库内，进入距水工建筑物 300 米区域内炸鱼、捕鱼、游泳、划船及其他可能危及水工建筑物安全的行为。

(5) 其他危害发电、变电设施的行为。

第 14 条[1]规定的是禁止对电力线路实施的行为。

由于《电力设施保护条例》列举的保护对象，尤其是禁止的行为有限，不足以解决实践中的问题，地方立法对电力设施保护的完善主要从以下几个方面入手：

第一，进一步明确《电力设施保护条例》列举的保护对象。如《宁夏回族自治区电力设施保护条例》第 23 条规定："电力专用通迅设施的保护范围：电力专用通信线路（电缆）、通信光纤、微波塔、微波站、载波站、通迅卫星地面站设施及其有关辅助设施。"尽管《电力设施保护条例》第 9 条规定了电力调度设施包括电力调度场所、电力调度通信设施、电网调度自动化设施以及电网运行控制设施，但并没有明确电力调度通信设施具体包括什么。

第二，增加了部分保护对象。这些对象有的属于在制定《电力设施保护条例》时遗漏的，如《福建省电力设施保护办

---

〔1〕《电力设施保护条例》第 14 条规定的任何单位或个人，不得从事下列危害电力线路设施的行为有：

（1）向电力线路设施射击。

（2）向导线抛掷物体。

（3）在架空电力线路导线两侧各 300 米的区域内放风筝。

（4）擅自在导线上接用电器设备。

（5）擅自攀登杆塔或在杆塔上架设电力线、通信线、广播线，安装广播喇叭。

（6）利用杆塔、拉线作起重牵引地锚。

（7）在杆塔、拉线上拴牲畜、悬挂物体、攀附农作物。

（8）在杆塔、拉线基础的规定范围内取土、打桩、钻探、开挖或倾倒酸、碱、盐及其他有害化学物品。

（9）在杆塔内（不含杆塔与杆塔之间）或杆塔与拉线之间修筑道路。

（10）拆卸杆塔或拉线上的器材，移动、损坏永久性标志或标志牌。

（11）其他危害电力线路设施的行为。

法》第10条规定，任何单位和个人不得实施下列危害发电设施、变电设施及其有关辅助设施的行为，即在发电设施、变电设施之外又增加一个有关辅助设施。有的属于在制定《电力设施保护条例》时尚不存在，后来因电力体制改革才出现的，如电力交易场所。对此，《宁夏回族自治区电力设施保护条例》第22条规定，电力交易场所设施的保护范围：计量、报价、交易、结算、监视、复核、预警、信息发布等设施及其有关辅助设施。

第三，进一步完善应禁止的行为。对此地方立法大致有两种做法：一种做法是继续沿用《电力设施保护条例》所采用的分类方法，然后分类列举应当禁止的行为，将《电力设施保护条例》没有列举的行为予以补充完善，如《福建省电力设施保护办法》第10条规定了9种禁止危害发电、变电设施及其有关辅助设施的行为。为便于比较增加的禁止行为，列表如下：

《电力设施保护条例》	《福建省电力设施保护办法》
第13条 任何单位或个人不得从事下列危害发电设施、变电设施的行为： （一）闯入发电厂、变电站内扰乱生产和工作秩序，移动、损害标志物。	**第10条** 任何单位和个人不得实施下列危害发电设施、变电设施及其他有关辅助设施的行为： （一）扰乱发电厂、变电站等生产区域的生产秩序，或者移动、损坏发电厂、变电站等用于生产的设施、器材和安全警示标志。

续表

《电力设施保护条例》	《福建省电力设施保护办法》
（二）危及输水、输油、供热、排灰等管道（沟）的安全运行。	（二）在发电设施附属的输煤、输油、输气、输灰、输水、供热、供汽管沟（线）的保护区内，擅自取土、挖沙、采石、打桩、钻探、葬坟和进行其他挖掘作业，兴建建筑物、构筑物，倾倒垃圾、矿渣和含有酸、碱、盐等化学腐蚀物质的液体和其他废弃物。
（三）影响专用铁路、公路、桥梁、码头的使用。	
	（三）在发电厂、热电厂、变电站附近从事焚烧或者堆放谷物、草料、木材、稻秆、油料及其他易燃易爆物品等可能危及电力设施及其辅助设施的行为。
（四）在用于水力发电的水库内，进入距水工建筑物300米区域内炸鱼、捕鱼、游泳、划船及其他可能危及水工建筑物安全的行为。	（四）在发电厂生产用水取水口向周围延伸100米的水域和用于水力发电的水库内的水工建筑物向周围延伸300米的水域，从事炸鱼、捕鱼、游泳、划船及其他危及水工建筑物安全的行为。
	（五）在火力发电厂的灰坝（场）上挖掘取土，及其安全距离内兴建建筑物、构筑物。
	（六）在用于水力发电的水库大坝管理和保护范围内进行爆破、围垦、打井、采石、采矿、挖沙、取土、修坟以及在坝体修建码头、渠道、堆放杂物、晾晒粮草等危害大坝安全的活动。

续表

《电力设施保护条例》	《福建省电力设施保护办法》
	（七）损坏、封堵发电厂、热电厂、变电站、开闭所的专用铁路、公路、桥梁、码头、航道、船舶停泊区和检修道路。
	（八）损坏、迁移水力发电厂的水情测报设施。
（五）其他危害发电、变电设施的行为。	（九）其他危害发电设施、变电设施及其辅助设施的行为。

另一种做法则是不区分发电、变电设施与电力线路，一并加以保护，如《湖南省电力设施保护和供用电秩序维护条例》第20条及《江苏省电力保护条例》[1]第11条均规定了任何单

---

〔1〕《江苏省电力保护条例》第11条规定的电力设施受法律保护，任何单位和个人不得实施下列行为有：

（1）在发电厂、变电所用地范围内堆放可能危害电力设施的谷物、草料、木材、秸秆、易燃物、易爆物等物品或者焚烧物体的。

（2）在架空电力线路保护区内垂钓的。

（3）在火力发电设施水工建筑物周围一百米的水域内进行捕鱼、游泳、划船及其他可能危及水工建筑物安全行为的。

（4）增加被架空电力线路跨越的建筑物、构筑物高度，或者在架空电力线路下堆砌物体，导致安全距离不足的。

（5）以封堵、拆卸等方式破坏与电力生产运行有关的供水、排水、供电、供气、通道等设施的。

（6）违章攀爬电力杆、塔设施，擅自在架空电力杆、塔上搭挂各类缆线、广告牌等外挂装置的。

（7）擅自在电缆沟道中施放各类缆线的。

（8）法律、法规禁止的其他危害电力设施的行为。

位和个人不得实施的危害电力设施的行为。[1]

不可否认，地方电力立法在《电力设施保护条例》之外明确了很多应予禁止的行为，具体有：①在发电厂、变电所用地范围内堆放可能危害电力设施的谷物、草料、木材、秸秆、易燃物、易爆物等物品或者焚烧物体的；②损坏、擅自移动、涂改电力设施标志；③在火力发电设施水工建筑物周围一百米的水域内进行捕鱼、游泳、划船及其他可能危及水工建筑物安全行为的；④在水电厂禁区范围内游泳、捕鱼、停泊船筏、挖沙取土；⑤以封堵、拆卸等方式破坏与电力生产运行有关的供水、供电、供气、排水、排灰、通道等设施的；⑥违章攀爬电力杆、塔设施，擅自在架空电力杆、塔上搭挂各类缆线、广告牌等外挂装置的；⑦擅自在电缆沟道中施放各类缆线的；⑧损坏、迁移水力发电厂的水情测报设施；⑨法律、法规禁止的其他危害电力设施的行为。功不可没，可圈可点，但存在一些有待改进的地方，具体表现为：

第一，条文繁琐冗长，与《电力设施保护条例》重复率高。如《福建省电力设施保护办法》的第 10 条和第 11 条相加，被禁止的行为达 15 项之多。“向电力线路设施射击或者抛掷物体”“利用杆塔或者拉线拴牲畜、悬挂物体、攀附农作物、作起重牵引地锚”“在架空电力线路导线两侧各 300 米的区域内放风筝”“用于水力发电的水库内的水工建筑物向周围延伸 300 米的水域，从事炸鱼、捕鱼、游泳、划船及其他危及水工建筑物安全的行为”等规定均与《电力设施保护条例》的规定雷同。还有不少地方规范甚至完全照搬《电力设施保护条例》，如《上海市保护电力设施和维护用电秩序规定》第 10 条除根据自身情况删除了“在用于水力发电的水库内，进入距水工建筑物 300 米区域内炸鱼、捕鱼、游泳、划船及其他可能危及水工建筑物安全的行为”这一项外，其他的与《电力设施保护条例》完全相同。为解决这一问题，也有的地方立法不是照搬《电力设施保护条例》，而是规定要求遵守《电力设施保护条例》的相关规定，然后再规定需要补充的内容。如《江苏省〈电力设施保护条例〉实施办法》第 11 条规定：任何单位和个人必须遵守《电力设施保护条例》第 14 条的规定，不得从事危害电力设施的行为。不得在发电厂、变电所及其附近燃放烟花爆竹；不得在杆塔和拉线基础的下列范围内取土、堆土或倾倒有害化学物品：10 千伏~35 千伏，4 米；110 千伏~220 千伏，5 米；330 千伏~500 千伏，8 米。不得在杆塔、拉线基础外侧进行开挖鱼塘和深沟等危及电力设施的工程。

第二，在照搬抄袭《电力设施保护条例》时，并没有认真甄别其中的缺陷，而是眉毛胡子一把抓，一些不妥之处也一并搬抄过来了，如扰乱发电厂、变电站等生产区域的生产秩序。这显然属于对生产秩序的保护，而非对电力设施的保护。破坏电力设施与扰乱生产秩序虽有联系，但区别更明显。破坏电力设施的同时可以扰乱生产秩序，但不破坏电力设施也可以扰乱生产秩序。

第三，规定了不少已为《刑法》所禁止的行为。如《湖南省电力设施保护和供用电秩序维护条例》第 20 条规定的盗窃、破坏、哄抢电力设施及器材，损坏发电厂、变电站、水电站的建、构筑物等行为，属于自明之理，不容易引起误解，且已有其他法律加以规范，无需单独立法。这些设备处于发电厂、变电站等企业的控制管理之下，稍有常识的人都知道不得随便移动或损坏。即使有人加以破坏的话，也有其他的法律，如《刑法》《物权法》给予保护。因此对这些行为无需重复规定。

第四，未能将电力线路保护区内的禁止行为与对电力线路的禁止行为区分开来。二者的区别在于：前者虽然尚未与电力线路发生直接接触，但增加了与线路接触的可能性，为防患于未然需要对某些行为加以限制甚至禁止。后者会与电力线路发生直接接触，由于电力线路带电，一旦接触虽然通常不会对电力线路本身造成损坏，但会导致严重的人身损害后果或电力输送中止，一般人又意识不到，因而也需要严格禁止。如《江苏省电力保护条例》第 11 条将在架空电力线路保护区内垂钓的，以及增加被架空电力线路跨越的建筑物、构筑物高度或者在架空电力线路下堆砌物体，导致安全距离不足的行为合并规定在电力设施的保护条文中。这些行为由于不与电力设施直接发生接触，但存在较大的危险，因而属于禁止在架空电力线路保护区内实施的行为。

第四节　电力设施保护区

对电力设施的损害有两种方式：一是通过直接接触电力设

施造成损害，如拆卸；二是不直接接触电力设施，而是通过间接手段对电力设施造成一定的风险，如在电力杆塔附近挖土、堆放易燃易爆物等。在众多的电力设施中，输电线路、电力通信线路以及各种管道，具有完全不同于发电设施、变电设施的特征，即线路长，分布广，与各种建筑物、植物交叉机会多，与人民群众接触机会多，从而使得被间接损害的概率大增。比如，在现实生活中，虽然人民群众的很多行为一般不会与输电线路直接接触，万一接触一般也不会对输电线路本身造成损害，如在高压线下钓鱼，但一旦接触将会对人身造成严重损害，线路基于自动保护可能会跳闸，进而对电力的正常输送产生严重影响。为防止间接损害的最好办法就是划定一个线路保护区，通过限制或者禁止在保护区内从事某些行为以加强对此类电力设备的保护。本节主要探讨电力设施保护区的种类、范围、效力，以及保护区标识的设立主体等。

一、电力设施保护区的种类

《电力设施保护条例》第二章仅规定了两类保护区：架空电力线路保护区和电力电缆线路保护区。《电力设施保护条例实施细则》第 7 条第 2 款增设了管道保护区，该款规定：发电设施附属的输油、输灰、输水管线的保护区依本条规定确定。也就是说，国家立法仅规定了“架空电力线路保护区”“江河电缆保护区”“地下电力电缆保护区”和“发电设施附属的输油、输灰、输水管线的保护区”四种保护区。在电力设施保护区的种类设定上，国家层面的立法主要存在以下问题：

第一，没有规定风力发电设备的保护区。风力发电因需要借助自然界的风能，因而其发电设备所处环境与火力发电、水力发电、核电相比大为不同，即不能处于封闭的环境中，而必须处于完全开放的环境中。这就增加了风力发电设备遭损坏的概率，如风筝、气球等对发电设备的损坏。为此，有必要设立风力发电保护区的范围。

第二，没有规定发电设施水域保护区范围。火力发电与水力发电都离不开水，尤其是水力发电。其必须得有取水口和排水口。如果在取水口或排水口附近进行活动，如游泳、捕鱼，很是危险。因此需要设立发电设施水域保护区范围，禁止在该区域内从事某些行为。为便于取水或排水，都建设有水工建筑物，可以该建筑物为基点，100 米范围内为保护区。

对于上述缺陷，各地方电力立法积极发挥主观能动性，增设了不少保护区种类，主要有：

1. 杆塔、拉线的基础保护区。如《天津市电力设施保护管理办法》第 11 条规定，杆塔、拉线的基础保护区是：35 千伏以下的，杆塔从基础外缘向周围延伸 5 米，拉线从基础外缘向周围延伸 2 米；110 千伏以上的，杆塔从基础外缘向周围延伸 10 米，拉线从基础外缘向周围延伸 3 米。《云南省电力设施保护条例》第 16 条规定，架空电力线路杆塔、拉线的基础保护区：杆塔、拉线基础外缘向周围延伸所形成的区域；各级电压架空电力线路杆塔、拉线基础外缘向周围延伸距离如下：

电压等级	杆塔基础	拉线基础
35 千伏以下	5 米	2 米
110 千伏以上	10 米	3 米

但我们认为没有必要单独设立此类保护区，因为架空电力线路杆塔、拉线的基础保护区已经完全坐落在架空线路的保护区范围内。

2. 风力发电设备的保护区。如《云南省电力设施保护条例》第 17 条规定，特殊发电厂保护区：风力发电设备区外延伸 50 米的区域；《湖北省电力设施建设与保护条例》第 24 条第 4 款规定，风力发电场保护区为风力发电设备区向外延伸 50 米的区域；《广西壮族自治区电力设施保护办法》第 19 条规定，风力发电设备区外延伸 50 米的区域；《湖北省电力设施建设与保护条例》第 24 条规定，风力发电场保护区为风力发电设备区向外延伸 50 米的区域。

我们认为前述规定可以从以下三个方面作进一步改进：一是风力发电有的集中成片，有的分散单个运行。按照该规定，单个独立运行的风力发电设备显然不能叫风力发电场，由此导致的后果就是此类发电设备不能被纳入保护范围内。二是风力发电设备区的概念不甚清楚。集中成片的风力发电场由很多的单个风力发电设备组成。风力发电设备区的起点具体在哪里呢？是最外围的风力发电设备还是任何一个风力发电设备？三是向外延伸 50 米不甚清楚。水平、向上、向下延伸都属于向外延伸。鉴于此，我们认为以单个风力发电设备为保护单位比较适宜。单个的发电设备又大致可以分为两部分：杆塔和叶片。故以风力发电的杆塔为圆心，以 50 米为半径，以叶片的最高点与地面组成的圆柱体区域作为风力发电保护区比较合适。

3. 发电、变电设施及其辅助设施陆地保护区。如《辽宁省电力设施保护条例》第 15 条第 1 款规定，发电、变电设施及其有关辅助设施的陆地保护区为依法划拨、征收的用地。《天津市电力设施保护管理办法》第 11 条规定，发电厂、热电厂、调度所、变电站及其附属设施围墙内和自围墙向外延伸 3 米的区域。

此类保护区我们认为也没有必要。从保护的角度来看，电力设施大致可分为"可予屏障保护"和"不可予屏障保护"两大类。前者如发电厂、水电站、变电所、开关站等安装相对集中、占用空间有限的设施。设施的所有人或管理人一般要先通过划拨、出让的方式取得土地使用权，继而在土地的边界设置围墙、栅栏等设施加以屏障，最后再分派保卫人员加以把守、巡查。如此下来，基本就可以保证设施的安全了。[1]

4. 发电设施水域保护区。如《广西壮族自治区电力设施保护办法》第 19 条规定了发电厂水库保护区：大坝周围 50 米，输水渠道山坡段两侧各 10 米、坝区段两侧各 3 米所形成的两平行线内的区域。《辽宁省电力设施保护条例》第 15 条规定，火力发电设施水域保护区为水工建筑周围 100 米的水域；水力发电设施水域保护区，为按照装机容量确定的水工建筑周围一定

---

〔1〕 汪榕生：《从法律角度考量电力设施保护区》，载《大众用电》2007 年第 1 期。

距离范围的水域。

最后需要指出的是，电力通信线路与电力架空线路、电力电缆一样，点多、面广、线路长，被损坏的概率很高，因而有必要为其设立保护区。《电力设施保护条例》没有设立电力专用通信线路的保护区，并不是其不重要，而是已有相关的法律法规对通信设施加以保护，无需重复规定。在 1987 年颁布《电力设施保护条例》之前，国务院、中央军委早在 1982 年就已颁布了《关于保护通信线路的规定》，其第 7 条第 1 项已规定，不准在危及通信线路安全范围内进行爆破、堆放易爆易燃品或设置易爆易燃品仓库。后来很多省也都制定了保护通信线路设施的地方规范，如制定于 1998 年的《湖南省通信条例》[1]。基于此种情况，有些地方电力立法，如《江苏省电力保护条例》第 16 条直接规定，电力通信线路设施的保护，适用国家有关保护通信线路设施的规定。《黑龙江省电力设施保护办法》第 22 条也规定，电力通信设施的保护，按照国务院《广播电视保护条例》和国务院、中央军委关于保护通信线路的规定执行。

二、电力线路保护区的范围

（一）国家规定

《电力设施保护条例》第 10 条对电力线路保护区的范围作了规定，具体为：

架空电力线路保护区：导线边线向外侧水平延伸并垂直于

〔1〕 2017 年做了一次修正。

地面所形成的两平行面内的区域，在一般地区各级电压导线的边线延伸距离如下：

1 千伏~10 千伏	5 米
35 千伏~110 千伏	10 米
154 千伏~330 千伏	15 米
500 千伏	20 米

在厂矿、城镇等人口密集地区，架空电力线路保护区的区域可略小于上述规定。但各级电压导线边线延伸的距离，不应小于导线边线在最大计算弧垂及最大计算风偏后的水平距离和风偏后距建筑物的安全距离之和。

电力电缆线路保护区：地下电缆为电缆线路地面标桩两侧各 0.75 米所形成的两平行线内的区域；海底电缆一般为线路两侧各 2 海里（港内为两侧各 100 米），江河电缆一般不小于线路两侧各 100 米（中、小河流一般不小于各 50 米）所形成的两平行线内的水域。

《海底电缆管道保护规定》第 7 条第 3 款规定：海底电缆管道保护区的范围，按照下列规定确定：①沿海宽阔海域为海底电缆管道两侧各 500 米；②海湾等狭窄海域为海底电缆管道两侧各 100 米；③海港区内为海底电缆管道两侧各 50 米。

（二）存在的问题及地方立法的改进

就线路保护区的规定而言，国家层面的立法尚有以下可改进之处：

第一，架空电力线路保护区的范围设定有不严谨之处，虽然目前设定的范围并没有产生法律纠纷。因为“导线边线向外侧水平延伸并垂直于地面所形成的两平行面内的区域”并不是一个封闭区域，该区域向上可以无限延伸，直至宇宙太空；向下直至地球的另一面。这既无必要，也不现实。对此已有部分地方电力立法有所认识，如《云南省供用电条例》第7条规定，架空电力线路设施重点保护区是指**围绕**导线的空间，该空间边缘距导线的最短距离为：1千伏~10千伏、4米；35千伏~110千伏、6米；220千伏、8米；500千伏、10米。架空电力线路保护区实际上应当是由4个面组成的一个封闭区域。这4个面分别是：上面，即最上层导线朝下的平面；两边的平面，即导线边线向外侧水平延伸并垂直于地面所形成的两平行面；底面，即地面。因此，架空电力线路保护区是指由最上层导线朝下的平面、导线边线向外侧水平延伸并垂直于地面所形成的两平行面以及地面所形成的区域。

第二，地下电缆保护区范围的划定同样不严谨。“电缆线路地面标桩两侧各0.75米所形成的两平行线内的区域”也是上不封顶，下不封底。设立电力设施保护区的目的是要禁止在保护区内进行某些行为或作业。如《电力设施保护条例》第16条规定，不得在地下电缆保护区内兴建建筑物、构筑物。按此规定，在地下电缆下方20米甚至更深处开挖地铁、隧道均系违规行为，不得进行。故地下电力电缆保护区也应当是一个有四至的区域。如设定最上面为地面，两边为电缆线路地面标桩两侧各0.75米所形成的两平面，最下面为地下电缆下方1米。遗憾的是，大部分地方立法在该问题上都照搬国家立法，并无改进。如《黑龙江省电力设施保护办法》第 13 条规定，电力电缆线路保护区的宽度为：①地下电缆线路两侧各 0.75 米所形成的平行线内的区域；②江河电缆一般不小于线路两侧各 100 米（中、小河流一般不小于 50 米）所形成的两平行线内的水域。再如《宁夏回族自治区电力设施保护条例》第 25 条规定，电力电缆线路保护区：①地下电缆保护区，是指线路两侧各 0.75 米所形成的两平行线内的区域；②河道电缆保护区，是指河道电缆一般不小于线路两侧各 100 米、中（小）河流和渠道一般不小于各 50 米所形成的两平行线内的水域。

第三，有些规定表述不当，造成理解困难。如《电力设施保护条例》第 10 条规定，在厂矿、城镇等人口密集地区，架空电力线路保护区的区域可略小于关于架空电力线路保护区的一般规定，但各级电压导线边线延伸的距离，不应小于导线边线在最大计算弧垂及最大计算风偏后的水平距离和风偏后距建筑物的安全距离之和。首先，“不应小于导线边线在最大计算弧垂及最大计算风偏后的水平距离和风偏后距建筑物的安全距离之和”，这句话由于表达有问题令人很是费解。其次，既没有规定安全距离之和到底是多少，也没有规定可参照的规范。《电力设施保护条例实施细则》第 5 条则规定为，在厂矿、城镇、集镇、村庄等人口密集地区，架空电力线路保护区为导线边线在最大计算风偏后的水平距离和风偏后距建筑物的水平安全距离之和所形成的两平行线内的区域。该规定在两个方面进步明显：一是在措辞上删除了“最大计算弧垂”的表述；二是对水平安全距离作了明确规定，因为架空线路保护区应当是一个封闭的区域，当上、下两个平面确定后，两边的平面确定在何处甚为关键。弧垂关注的是导线对竹木、建筑物的垂直安全距离。当竹木、建筑物位于架空线路保护区内时，垂直安全距离才有价值。但这个距离与确定线路保护区的水平范围，即宽度毫无关系。由于线路在有风的情况下会发生风偏，风偏距离对于确定边导线在静止时的保护区宽度会产生影响。但《电力设施保护条例实施细则》的表达显然不精确，没有说清楚此时导线边线距建筑物的距离应是风偏距离再加上水平安全距离。为此，有些地方立法采用了完全不同于《电力设施保护条例》和《电力设施保护条例实施细则》的表述。如《天津市电力设施保护管理办法》第 11 条规定，在厂矿、城镇等人口密集地区的架空电力线路保护区为，由两侧导线边线起分别加上导线边线最大风偏水平距离，再加上距建筑物的水平安全距离后所形成的区域。

第四，《电力设施保护条例》制定时，特高压技术尚未出现，自然不会划定此类线路的保护区范围。随着特高压技术的广泛应用发展，划定特高压线路的保护区范围就提上了地方立法的议事日程。从目前对该问题作出了规定的部分地方立法来看，大致有两种规范方式：一是直接规定保护区范围，如《湖北省电力设施建设与保护条例》第 24 条规定，800 千伏、1000 千伏电力线路保护区为导线边线向外侧水平延伸 30 米并垂直于地面所形成的两平行面内的区域。二是规定参照技术规范执行，如《山东省电力设施和电能保护条例》第 9 条第 2 款规定，直流输电线路和特高压线路保护区的宽度以及计算最大弧垂、最大风偏后的安全距离，按照相关技术规范确定的范围执行。根据《1000KV架空输电线路设计规范》（GB50665-2011）第 13.0.4 条的规定，在最大计算弧垂的情况下，导线与建筑物之间的最小垂直距离为 15.5 米；在最大计算风偏的情况下，架空输电线路边导线与建筑物之间的最小净空距离为 15 米；无风的情况下，边导线与建筑物之间的水平距离为 7 米。

基于此，我们认为特高压保护区范围中的边导线向外延伸的距离采取直接规定的方式较好，但具体距离应根据技术要求确定，如根据电磁辐射衰减的规律确定，将其衰减为零的距离作为安全距离。《宁夏回族自治区电力设施保护条例》第 24 条第 2 款的规定值得借鉴，其规定，在厂矿、城镇、村庄等人口密集地区，各级电压导线边线在计算最大风偏情况下，距建筑物的水平安全距离是：

电压等级	安全距离	电压等级	安全距离
1 千伏以下	1.0 米	500 千伏	8.5 米
1 千伏~10 千伏	1.5 米	±660 千伏	10 米
35 千伏	3.0 米	750 千伏	11 米
110 千伏	4.0 米	±800 千伏	17 米
220 千伏	5.0 米	1000 千伏	15 米
330 千伏	6.0 米		

三、电力设施保护区标志的设立主体

划定电力设施保护区和设立保护区标志是紧密相连的两个环节。不设立标志的话，社会公众就无从知道。尽管《电力法》和《电力设施保护条例》都将电力管理部门作为设立保护区标志的主体。如《电力法》第53条规定：电力管理部门应当按照国务院有关电力设施保护的规定，对电力设施保护区设立标志。《电力设施保护条例》第11条规定：县以上地方各级电力管理部门应采取以下措施，保护电力设施：①在必要的架空电力线路保护区的区界上，应设立标志，并标明保护区的宽度和保护规定；②在架空电力线路导线跨越重要公路和航道的区段，应设立标志，并标明导线距穿越物体之间的安全距离；③地下电缆铺设后，应设立永久性标志，并将地下电缆所在位置书面通知有关部门；④水底电缆敷设后，应设立永久性标志，并将水底电缆所在位置书面通知有关部门。遗憾的是，这些条款自颁布以来就成了"僵尸条款"，并没有得到实际贯彻。主要原因在于电力管理部门既没有设置这些标志的经费，也没有相关的人力。虽然我们在实际生活中也能见到很多电力设施保护的标志，实际上都是电力企业自行出资设置。法律条款自颁布之日起就没有得到贯彻执行，只能说明立法之初对权利与义务、权力与职责的配置就已错位，应当予以纠正。

划定电力设施保护区和设立保护区标志这两个环节虽紧密相连但并不表明必须由同一主体来承担。实际上，管理部门的职责应当是划定电力设施保护区的范围，因为这涉及众多人的利益，由供电企业和社会民众中的任何一方当事人来划定保护区范围，因其存在难以保持中立的可能性而无法令相关当事人乃至社会公众信服。管理部门则完全满足中立这一条件，有利于综合考虑各方利益划定合适的保护区范围。《电力设施保护条例》第10条对架空电力线路保护区的范围作了明确规定。管理部门划定电力设施保护区后，设立标志纯属向社会进行告知的行为，由谁来告知均不会再对已经确定的利益产生任何影响。哪怕是当事人自己来告知也是如此。况且在利益确定后，最有动力维护自己利益的就是当事人自己。设立保护区标志本身需要一定的成本，当管理部门没有这方面的经费时，其更不会去主动设立电力设施保护区标志。

对这一问题，在地方立法中，有的继续沿用《电力法》和《电力设施保护条例》的做法，将电力管理部门作为设置这些标志的主体。如《新疆维吾尔自治区电力设施保护办法》第6条第3款规定：划定的保护范围和保护区，由电力行政主管部门设置保护标志。《黑龙江省电力设施保护办法》第14条第1款规定：“架空电力线路邻近人口稠密区域跨越铁路、公路、河流、桥梁时，电力主管部门应当在必要的架空线路保护区的区界上设立标志牌，标明线路保护区的宽度和电力线与穿越物体之间的安全距离。”

但自2000年以后制定或颁布的地方规范大多不再采用前述规定，而是另起炉灶，方式有二：第一种方式是不再规定由管理部门单独设置，而是与电力企业合作，或要求管理部门组织电力企业设立保护标志。如《海南省电力建设与保护条例》第15条规定，工业和信息化主管部门应当组织电力企业及其他电力设施所有人或者管理人在以下地点设立并维护电力保护标志……第23条第2款规定，省海洋行政主管部门应当组织电力企业设置并维护海底电缆保护区和海底电缆线路等标识。或要求管理部门会同电力企业设立保护标志。如《四川省电力设施保护实施办法》第17条第1款规定，县级以上电力行政管理部门应当会同电力企业或电力设施所有者、管理者采取以下措施，保护电力设施：在林区等架空电力线路保护区必要的区界上，设立标志，并标明保护区的宽度和保护规定……

除了保护标志外，《电力设施保护条例实施细则》第9条规定，电力管理部门应在下列地点设置安全标志：①架空电力线路穿越的人口密集地段；②架空电力线路穿越的人员活动频繁的地区；③车辆、机械频繁穿越架空电力线路的地段；④电力线路上的变压器平台。该条将设立安全标志的任务也交给了电力管理部门。可想而知，实践中的效果与设立保护标志的效果完全一样，管理部门根本不去设立。基于此，有些地方立法对此也予以了完善：有的规定电力管理部门组织电力设施产权单位设置，如《贵州省电力设施保护办法》第11条规定了各级电力管理部门应组织电力设施产权单位采取以下措施，保护电力设施，在下列地点设置安全标志：①架空电力线路穿越的人口密集地段；②架空电力线路穿越的人员活动频繁的地区；③车辆、机械频繁穿越架空电力线路的地段；④电力线路上的变压器平台。有的直接规定由电力设施所有人或管理人设置，如《江苏省电力保护条例》第15条规定：电力企业及其他电力设施所有人或者管理人，应当根据国家和省的规定设立并维护安全警示标志。在电力设施保护区及其周边从事生产经营活动，可能造成电力设施危及他人人身安全的，生产经营者应当设立并维护安全警示标志。《甘肃省电网建设与保护条例》第40条规定了电网企业设置安全警示标志的地点和位置。相比较而言，随着配电网改革的不断推进，有些配电网并不是由电网企业负责经营。因此，《江苏省电力保护条例》规定由“电力企业及其他电力设施所有人或者管理人”比较科学。

第二种方式是直接规定由电力设施所有权人、管理人设置。《云南省供用电条例》第8条第1款和第2款规定了供用电设施保护区划定后，供用电设施产权人应当在供用电设施保护区设立警示标志，标明区域，电力行政主管部门应当检查并向社会公告。任何单位、个人不得破坏供用电设施及其保护区警示标志。因此，由电力设施的所有权人或管理人负责设立保护标识比较合适。

与此相关的技术问题涉及“在哪设”和“如何设”保护标志。根据《电力设施保护条例》第11条的规定，设立位置有两个：一是在必要的架空电力线路保护区的区界上，应设立标志，并标明保护区的宽度和保护规定；二是在架空电力线路导线跨越重要公路和航道的区段，应设立标志，并标明导线距穿越物体之间的安全距离。但“区界”是一个人为设定的边界，并没有任何支撑物，显然无法安放标志，实践中都是直接设置在电力设施上。就“标明保护区的宽度和保护规定”而言，由于标志牌的面积有限，标明宽度倒是尚有可能，但要标明保护规定实在没有可操作性。架空电力线路导线跨越公路和航道也应当设立标志，但实践中普遍做法是在跨越线段上安装红白相间的套管，供大件通过者判断距离，而几乎没有《电力设施保护条例》第11条中所规定的“标明导线距穿越物体之间的安全距离”。不过，从地方立法来看，似乎并没有引起关注，对此问题并未加以规定。

四、保护区的效力

电力设施保护区设立后，具有两种效力：一是禁止从事某些行为；二是必须履行一定手续后才能从事某些行为。对于在电力设施保护区内常见的，必须予以禁止的危险行为，《电力设施保护条例》采取了列举的方式，该条例第15条明确列举了部分经常发生在架空电力线路保护区的危险行为：①不得堆放谷物、草料、垃圾、矿渣、易燃物、易爆物及其他影响安全供电的物品；②不得烧窑、烧荒；③不得兴建建筑物、构筑物；④不得种植可能危及电力设施安全的植物。《电力设施保护条例》第16条列举了部分经常发生在电力电缆线路保护区内的危险行为：①不得在地下电缆保护区内堆放垃圾、矿渣、易燃物、易爆物，倾倒酸、碱、盐及其他有害化学物品，兴建建筑物、构筑物或种植树木、竹子；②不得在海底电缆保护区内抛锚、拖锚；③不得在江河电缆保护区内抛锚、拖锚、炸鱼、挖沙。

对这两条规定，显然存在以下不足：一是列举不够全面。对于很多会危及电力安全的行为并没有提及，如钓鱼、放风筝、燃放烟花爆竹等。对于海底电缆保护区内的禁止行为，《电力设施保护条例》第 16 条仅是规定了不得在海底电缆保护区内抛锚、拖锚，而没有禁止其他行为。对此，有些地方立法作了一些完善，如《海南省电力建设与保护条例》第 25 条规定，禁止在海底电缆保护区内从事挖砂、钻探、打桩、抛锚、拖锚、底拖捕捞、张网、养殖或者其他可能危及海底电缆安全的海上作业。二是没有设立兜底条款。这种立法技术显然无法满足现实生活发展的需要。比如，在架空电力线路保护区内开挖池塘。因此为防止挂一漏万，仍需设立兜底条款。我们认为，在架空电力线路保护区内，除了应当禁止《电力设施保护条例》第 15、16 条已经列举的行为外，还需禁止下列行为：①在架空电力线路保护区内燃放烟花爆竹或者悬挂气球、放风筝、垂钓；②增加被架空电力线路跨越的建筑物、构筑物高度，或者在架空电力线路下堆填物体，导致安全距离不足；③在发电设施附属的管道保护区内取土、开挖、打桩、钻探等，或者倾倒酸、碱、盐等可能危害管道的其他有害化学物品；④未经允许在风力发电保护区内打桩、钻探、挖掘、修筑道路、地下开采、种植乔木，兴建建筑物、构筑物；⑤其他可能破坏电力设施或危及人身、供电安全的行为。

受空间范围的限制，有些工作可能必须在电力设施保护区范围内开展，但为了安全起见，应当报经相关部门审批并采取安全措施后方能施工。这些行为可以称之为受限行为。《电力设施保护条例》第 17 条已经规定了一部分，该条规定，任何单位或个人必须经县级以上地方电力管理部门批准，并采取安全措施后，方可进行下列作业或活动：①在架空电力线路保护区内进行农田水利基本建设工程及打桩、钻探、开挖等作业；②起重机械的任何部位进入架空电力线路保护区进行施工；③小于导线距穿越物体之间的安全距离，通过架空电力线路保护区；④在电力电缆线路保护区内进行作业。本条由于受《电力设施保护条例》只设立了架空电力线路保护区和电力电缆线路保护区的影响，仅规定了这两个保护区的受限行为，而未涉及其他保护区的受限行为。因此，有必要将其他保护区内的受限行为一并予以规定，如规定：任何单位和个人确需在电力设施保护区内从事下列活动的，应当事前征求电力企业意见，报能源管理部门批准，按照国家有关规定到相关部门办理手续并采取安全措施后方可进行：①攀登电力线路杆塔或者在架空电力线路设施上连接电器设备、架设电力通讯、广播、电视线路以及放置其他设施。②保留或者种植自然生长最终高度与电力线路的导线之间符合垂直安全距离的竹子、树木等作物。③在保护区内取土、打桩、钻探、修筑道路、地下开采，开挖沟渠、池塘、拆除建筑物、构筑物，砍伐树木等。④在距电力设施水平距离 300 米范围内进行爆破作业。⑤高度超过 4 米的车辆和起重机等大型机械进入架空电力线路保护区或者风力发电塔架间作业；与架空电力导线的垂直距离小于规定的安全距离的运输机械及其装载物通过架空电力线路保护区。⑥在发电设施水域保护区内施工作业。⑦在发电厂水库大坝上通行的。⑧其他可能损坏电力设施或危及人身、供电安全的作业行为。

第五节　电力企业的自助救济

即使划定了电力设施保护区，规定了电力设施保护区内的禁止行为和受限行为，并不能完全确保电力设施的安全。当破坏电力设施、危害供用电安全的行为发生后，电力企业往往会在是采取公力救济方式还是私力救济之间苦苦挣扎。即使是在公力救济显然来不及，应当采用私力救济的情形下，对于自己拟采取的救济方式，如直接拆除搭挂在电力设施上的其他设施，因法律没有规定而纠结于能否采用。实际上，对于上述问题，不仅是电力企业觉得困扰，就是在电力立法时立法部门也有些举棋不定。有的要求选择公力救济，如《福建省电力设施保护办法》第 23 条规定：对危害电力设施的违法行为，应当及时保护现场，并提请有关行政管理部门和司法机关处理。保护现场显然不属于私力救济方式，仅是为后面的公力救济做准备，故该规定系必须寻求公力救济之典型。有的则允许选择私力救济，但在具体方式上又有所区别。有的仅允许制止，如《甘肃省供用电条例》第 10 条规定："任何单位和个人不得危害电力设施、供用电安全和非法侵占、使用电能，并有权对危害电力设施、供用电安全和非法侵占、收购、出售电力设施、设备的行为进行制止和举报。”《天津市供电用电条例》第 10 条第 2 款规定：“供电企业应当加强对供电设施的保护，发现危害供电设施安全的行为，应当及时予以制止；并向电力管理部门、公安部门报告。”有的允许排除妨碍，如《电力设施保护条例实施细则》第 4 条规定：电力企业必须加强对电力设施的保护工作。对危害电力设施安全的行为，电力企业有权制止并可以劝其改正、责其恢复原状、强行排除妨害，责令赔偿损失、请求有关行政主管部门和司法机关处理，以及采取法律、法规或政府授权的其他必要手段。有的既允许制止，还允许依法强行排除妨碍，如《贵州省电力设施保护办法》第 13 条规定：电力企业必须加强对电力设施的保护工作。对危害电力设施安全的行为，电力企业有权制止并依法强行排除妨害；造成电力设施损害的，责任人应恢复原状、赔偿损失。有的还允许电力企业自行拆除搭挂在电力设施上的其他设施，如《云南省供用电条例》第 10 条规定：未经供用电设施产权人同意，在供用电设施上擅自安装其他设施的，供用电设施产权人有权拆除，所需费用由侵权人承担；给供用电设施产权人造成损失的，侵权人应当依法赔偿损失。

上述电力立法规定的私力救济方式是否合理、合法？首先认为只能寻求公力救济的规定显然不合理。现实生活中，破坏电力设施、危害供用电安全的行为各种各样。以这些危害行为与其所带来的损害结果之间的关系为标准，大致可以分为两类：第一类是危害结果相伴始终的行为，即危害行为一开始，危害结果或危险就存在；危害行为一结束，危害结果或危险就消失。如在高压线下钓鱼、放风筝、烧窑、烧荒、烧草场、烧秸秆等。第二类是危害结果将继续存在的危害行为，即危害行为结束后，危害结果或危险并不结束，而是继续存在。如在电力设施保护区内兴建建筑物、构筑物，种植竹木，导致导线对地距离减少的填埋、铺垫等。当上述第一类危害行为发生但尚未结束前，危害结果或危险已经存在，电力企业显然来不及请求国家有关机关进行公力救济，不允许电力企业进行私力救济显然不合理。

在此情况下，允许电力企业直接予以制止的规定则要合理得多。制止加害人的作为，实际上是一种正当防卫。我国《民法通则》和《侵权责任法》均规定了正当防卫制度。《侵权责任法》第 30 条规定："因正当防卫造成损害的，不承担责任。正当防卫超过必要的限度，造成不应有的损害的，正当防卫人应当承担适当的责任。"由于正当防卫是指当公共利益、他人或本人的人身或其他利益受到不法侵害时，行为人所采取的一种防卫措施。因此，制止危害电力设施、供电安全的行为，如不让在高压线下放风筝，不让在电杆下挖土、烧荒等完全满足正当防卫所需的下列条件：不法侵害现实存在；防卫具有必要性和紧迫性；针对不法侵害人本人实施；不超过必要限度。

当第二类危害行为结束，把危害后果留下时，如竹木已经种下，建筑物已经建好，别的企业已在电力设施上搭挂了其他设施等，加害人本应自行排除这些妨碍却不排除时，电力企业当然可以通过公力救济，如提起诉讼来要求加害人排除妨碍。问题是此时电力企业能否诉诸私力救济，如自己强行排除妨碍或拆除呢？如《贵州省电力设施保护办法》第 13 条虽然规定了对危害电力设施安全的行为，电力企业有权制止并依法强行排除妨害。但该如何操作才算依法呢？本条没有明确说明，也无法明确。

我国法律明确允许的私力救济方式，除了上述的正当防卫之外，还有一个就是紧急避险。我国《侵权责任法》对此有明确规定，即该法第 31 条规定了因紧急避险造成损害的，由引起险情发生的人承担责任。如果危险是由自然原因引起的，紧急避险人不承担责任或者给予适当补偿。紧急避险采取措施不当或者超过必要的限度，造成不应有的损害的，紧急避险人应当承担适当的责任。所谓紧急避险是指为了使公共利益、他人或本人的合法权益免受现实和紧急的损害危险，不得已而采取的致他人和本人损害的行为。紧急避险行为一般仅造成第三人损害，在特殊情况下，被害人为了摆脱其面临的极大危险，不得已采取某种避险措施而使自己遭受损害，也属于紧急避险。也就是说，紧急避险中针对的对象是第三人或者自己，而不是加害人。因此，强行排除妨害或者拆除并不是紧急避险行为。

要想判断电力企业能否强行排除妨害或者拆除，该如何使用这些措施，必须了解民事自助行为。民事自助行为，是指民事权利主体为保护自身的合法权益，在情势紧迫来不及请求有关国家机关予以救助的情况下，依靠自身的强力对加害人的人身自由加以拘束或对加害人的财产施以扣押或毁损，法律上允许其不负赔偿责任的行为。自助行为系民事权利保护措施之一。[1] 我国民法虽没有规定自助行为，但在现实生活中广泛存在。根据“法不禁止即自由”的私法原理，只要符合了自助行为的构成要件就系合法行为，无需承担法律责任。

学界认为自助行为需满足下列条件：①保护的需是权利人自己的权利。自助行为是公民以个人的力量维护本人的权利。这一点与正当防卫和紧急避险有所不同。后者所保护的权利，既可以是自身的权益，也可以是国家利益、公共利益或他人的权益。当然，除权利人之外，对他人的权利享有管理权的人，如权利人的法定代理人、指定代理人、失踪人的财产管理人、遗产管理人、遗嘱执行人，在其所管理的权利范围内，也可以实施自助行为。因此，当电力设施或供用电安全面临损害时，电力企业的职工作为企业的代理人，可以行使自助权。②保护的需是合法权利。非法权利，如赌债、违法建筑、已过诉讼时效的债权等均不能通过自助行为加以保护。③必须存在紧迫情势。紧迫情势意味着权利人来不及请求行政机关或司法机关等国家机关给予及时救助，而且如果不立即进行自力救济，被侵害的权利就会永远丧失或发生明显的保全困难，或者危险随时有可能发生。如已种下多年的竹木已触及了高压线。④自力救

〔1〕 参见贺光辉：《论民事自助行为的合理规制》，载《山东社会科学》2006年第12期。

济的方式和强度必须系保护权利所必需。自助的方法主要有四种：一是限制他人的人身自由；二是对他人的财产或者权利证书予以扣押；三是直接处理他人的财产，如毁损；四是排除义务人之抵抗，如在已经保证了安全的情况下，房屋所有人阻挠线路跨越其房屋时，可以直接排除其阻挠。⑤不得超过必要的限度。在有多种能够达到目的的手段时，应采取给义务人造成的损失最小的措施。从财产价值的角度看的话，所牺牲之利益不得大于行为人欲保护之利益。⑥须事后及时向有关国家机关申请援助。行为人实施的有些自助行为，如限制他人人身自由、扣押他人财产，是在情势紧急时采取的一种临时性应急措施，并不能从根本上解决双方的权利义务关系。对于这些自助行为，权利人则需要申请有关国家机关继续解决纠纷。若无故不申请或申请迟延，则须立即归还所扣押的财产或释放债务人，并承担赔偿责任。对于毁损他人财物或者排除债务人之抵抗，由于纠纷已经解决，故无需在事后再向有关国家机关申请援助。

在电力企业采取强行排除妨害或者拆除措施时，一般不会涉及对他人人身自由的限制，也不会涉及对他人财产的扣押，偶尔涉及对他人抵抗之排除，主要涉及对他人财产的处理，如砍伐竹木、拆除建筑物、拆除搭挂在电力设施上的其他设施、挖走导致导线对地距离减少的填埋、铺垫等。对照上述条件，可以轻松看出对他人财产处理之自助行为已经满足了第1~2个以及第5~6个条件，是否合法就取决于能否满足了第3个和第4

个条件。当第二类加害行为遗留下来的后果继续对电力设施、供用电安全构成危害或者威胁时，显然属于情势紧迫。由于电力安全影响到千家万户，显属一种重大的公共利益，该利益通常都会大于强行排除妨碍或拆除的利益。电力企业可以自行强制排除妨碍。《贵州省电力设施保护办法》第 13 条规定了依法强行排除妨害，虽然该条没有明说何谓“依法”，在上述 6 个条件均满足了之后，“依法”条件实际上就得到了满足。

令人费解的是《云南省供用电条例》第 10 条，既没有像《贵州省电力设施保护办法》第 13 条那样规定一个弹性的“依法”条件，也没有将“情势紧迫”作为条件，而是直接将“未经供用电设施产权人同意，在供用电设施上擅自安装其他设施的”作为条件。不可否认，有些“未经供用电设施产权人同意，在供用电设施上擅自安装的其他设施”不立即采取拆除措施的，会给电力设施、供用电安全构成危害或者威胁，如在电线杆上安装沉重的广告牌，造成电杆倾斜，此时显属情势紧迫。但也有一些“未经供用电设施产权人同意，在供用电设施上擅自安装的其他设施”并不会立即造成损害或威胁，如在电杆上搭挂电话线、电视信号线等。此时不仅不存在紧迫情势，而且在电力企业自行拆除上述设施后，广大用户的通讯、电视收视都会受到影响，被损害的利益远远大于获得保护的利益。电力企业的拆除行为显然不属于自助行为。此时的拆除行为不仅是对产权人财产的侵犯，而且还会侵犯广大第三人的利益。因此，电力企业对于第二类加害行为遗留之危害结果，在其给电力设施、供用电安全造成损害或者危险且不会影响其他公共利益时，可以采取强行排除妨碍或者拆除，除此之外不可采取私力救济手段。

第七章 供用电关系

作为对电能商品的供应与使用进行规范的供用电合同，也成为界定供需双方权利与义务的最为直接的书面文件。供用电合同作为合同的一种，既具有合同的一般特征，也具有诸如强制缔约、格式文本及继续性等独特特征。为了对这一合同关系进行规范，我国在供用电领域制定了相对完善的法律法规体系，同时也存在诸如过于原则性、不易操作等问题。

供电企业作为民事主体，与用电方的权利义务平等，而电力行业的天然垄断性又使这一行业具有客观的强势地位。如何在尊重用户合法权益的同时，保证供电企业的正常有序运行，供用电地方性法规对规范供用电关系很有必要，同时也为更高位阶的法律体系的完善提供了有益的探索。

第一节　供用电地方立法评述

供用电合同是确立供电企业与用电客户之间的电力供应与使用关系，明确具体人和用电人法律权利义务的文书。供用电合同也是规范和约束供电人和用电人的经济法律行为，满足双方的供用电需求，顺利实施电能交易的重要手段。

我国《合同法》规定了供用电、水、气、热力合同，供用电合同是一种常见的民事合同。合同的标的是一种特殊的商品——“电”，由于其具有客观物质性并能为人们所使用，因而属于民法上“物”的一种。供电人将自己所有的电力供应给用电人使用，用电人及时支付电费，双方当事人之间的关系实际上是一种买卖关系。因此，供用电合同本质上属于一种特殊类型的买卖合同。

同时，由于供用电合同关系生活、生产和公共利益，所以往往会受到更多的强制性干预，供电人不仅必须履行供电的义务，而且如何供电以及如何收取电费等都要遵循国家的相关规定，合同自由的权利受到较大限制。

从整体上看，我国形成了以《合同法》《电力法》为核心，以《电力供应与使用条例》《电力监管条例》为重点，以《供电营业规则》等政府部门规章以及地方行政法规为补充的调整供用电关系的法律体系，基本上能够做到有法可依。与此同时，随着电力行业体制改革及新的供电形式的出现，我国相关法律的规定现已显得力不从心。

《合同法》《电力法》关于供用电合同的规定虽然法律效力高，但操作性差，而在实践中运用最多的《供电营业规则》虽然操作性强，但法律效力低，并且自颁布以来就没有做过修正。随着电力事业的发展，相关部门虽然也通常以制定通知、办法等法律规范性文件的方式对其内容做出补充与完善，由此也造成了实践中规范性文件较多，运用时往往无所适从的窘境。因此为满足实践需要，各地都在通过地方立法来细化有关供用电的法律法规，修改是电力发展的迫切需求。

2004年3月26日，云南省第十届人民代表大会常务委员会第八次会议审议通过《云南省供用电条例》，这是我国第一部专门规范供用电关系的地方性法规，2004年6月1日正式施行。《云南省供用电条例》以供用电合同确定供用电双方的权利义务，以一定的程序要求规范供电企业的停电行为，以预收电费缓解供电企业被用户拖欠电费的压力等。这是以法律要求企业、以法律规范强势企业行为理念的体现，也是云南电网公司积极推动和配合云南省地方性电力法规的立法工作的动力。[1]

继《云南省供用电条例》出台后，又有十多个省（自治区、直辖市）相继出台以“供用电”或“供用电秩序维护”为名的综合性法规或规章，主要规范电力供应与使用、电能保护等方面的供用电法律关系。这些地方立法立足当地实际、突出地方特色，在制度设计上大胆探索，力求创新与突破，立法技术更为成熟，立法内容也更为完善，灵活性、针对性和操作性更强，进一步充实、完善了供用电法律制度。[2]

---

〔1〕董曦、刘险夷：《积极参与地方立法 主动承担社会责任》，载《云南电业》2006年第10期，第18页。

〔2〕白如银：《地方供用电立法的制度创新与探索》，载《安徽电气工程职业技术学院学报》2014年第2期，第26页。

第二节 强制缔约义务

所谓强制缔约，指个人或企业负有应相对人的请求，与其订立契约的义务。易言之，即对相对人的要约，非有正当理由不得拒绝承诺。这就使得契约一方当事人对另一方当事人提出的要约负有必须承诺的义务，即强制缔约义务。同时，强制缔约也是对契约自由的根本限制，是在承认社会成员经济实力政治地位不平等的基础上，区别对待缔约的双方，强制居于事实上优势地位的一方，无正当的理由，不得拒绝缔约的要求，强制其作出承诺，进而保障弱势群体的利益。

一、供电企业负有强制缔约义务

《合同法》理论虽然认为公用企业如电业、邮政、电信、煤气、天然气、自来水、铁路、公共汽车等公用企业负有缔约义务，非有正当理由，不得拒绝用户的缔约请求，这是保障用户和消费者的日常必需所不可缺少的法律措施。但真正体现在法条中的仅有第 289 条，即从事公共运输的承运人不得拒绝旅客、托运人通常、合理的运输要求。《合同法》第十章“供用电、水、气、热力合同”并没有明文规定供电企业的强制缔约义务。

对供电企业的强制缔约义务规定在其他法律中。如《电力法》第 26 条第 1 款规定：“供电营业区内的供电营业机构，对本营业区内的用户有按照国家规定供电的义务；不得违反国家规定对其营业区内申请用电的单位和个人拒绝供电。”该条规定的是供电企业对用户负有强制缔约义务。第 22 条第 1 款规定：“国家提倡电力生产企业与电网、电网与电网并网运行。具有独立法人资格的电力生产企业要求将生产的电力并网运行的，电网经营企业应当接受。”该条规定的是电网经营企业对电力生产企业并网运行负有强制缔约义务。至于电网企业之间是否负有强制缔约义务则未予以明确规定。不过，《电力监管条例》从监管角度规定了“电力监管机构对发电厂并网、电网互联以及发电厂与电网协调运行中执行有关规章、规则的情况实施监管”，国家出于能源安全和环境保护等公共利益的考虑，也会干预市场自由竞争机制。例如《中华人民共和国可再生能源法》第 14 条明确要求“电网企业应当与按照可再生能源开发利用规划建设，依法取得行政许可或者报送备案的可再生能源发电企业签订并网协议，全额收购其电网覆盖范围内符合并网技术标准的可再生能源并网发电项目的上网电量”。

供电企业属于自然垄断企业，具有绝对的市场支配地位。《反垄断法》对公用企业的强制缔约义务也作了规定，其第 3 条概括列举了 3 种垄断行为，其中包括经营者滥用市场支配地位；第 17 条明确规定“禁止具有市场支配地位的经营者从事下列滥用市场支配地位的行为：……③没有正当理由，拒绝与交易相对人进行交易；……⑤没有正当理由搭售商品，或者在交易时附加其他不合理的交易条件。”强制缔约制度在这里的体现在于给予处于交易劣势的同行业者和交易相对人以公平交易的机会。

为保护公民和其他组织的合法权利，除《反垄断法》外，作为行业专门立法的《电力法》针对供电企业独家垄断经营的特点，也做出了一些反垄断的规定。例如，供电企业不得违反国家规定对其营业区内申请用电的单位和个人拒绝供电（不得拒绝交易）；供电企业必须对同一电网内的同一电压等级、同一用电类别的用户，执行相同的电价标准（不得歧视）；供电企业不得超越电价管理权限制定电价，不得擅自变更电价；除法律和行政法规另有规定外，不得在电费中加收其他费用；禁止供电企业在收取电费时，代收其他费用（不得滥收费用）……[1]这同样是对供电营业机构课以的强制承诺义务。

强制缔约是基于电网企业的特殊地位作出一项制度安排，旨在使电网企业在顾及社会公共利益的前提下生存和发展，防范电网企业滥用优势地位不顾及社会整体利益和整体福祉。[2]

二、地方立法中对强制缔约义务的规定

虽然有不少地方立法对供电企业的强制缔约义务作了规定，但有的仅是对《电力法》第26条规定的供电企业对用户强制缔约义务之重复，并没有什么突破。如《云南省供用电条例》第24条规定："供电区域内的单位、个人享有申请用电的权利，供电企业不得拒绝。申请新装用电、临时用电、变更用电或者终

〔1〕王晓晔：《公用企业滥用优势地位行为的法律管制》，载《法学杂志》2005年第1期，第29~30页。

〔2〕唐敏：《反思与重构：电网企业强制缔约义务立法完善研究》，载《华东电力》2009年第7期，第1232页。

止用电的单位、个人，应当依照供电企业公告的用电程序办理手续。在办完手续后，供电企业应当按照约定时间供电或者终止供电。”《重庆市供用电条例》第 28 条规定：“供电企业应当在批准的供电营业区内，按照国家规定的质量标准或供用电合同的约定向用电人安全供电。”

也有一些地方立法明确了在强制缔约的前提下，对供电企业可以拒绝供电，不用遵守强制缔约义务的情形，对于指导供电企业的工作具有重要意义。如《广西壮族自治区供电用电办法》第 13 条规定：“用户新装用电、临时用电、增加用电容量、变更用电或者终止用电的，应向供电企业提出申请。供电企业没有不予供电理由的，应当供电。有下列情形之一的，供电企业不予供电：①用户的电力设施不符合国家或者行业标准；②用电地址在电力设施保护范围内；③非供电企业原因导致不能供电；④不具备供电条件；⑤法律、法规、规章禁止或者限制供电的其他情形。”

在供电企业负有强制缔约义务的大背景下，更多的地方立法重在规范用户应当承担的义务，如需签订合同、办理相关手续等。如《甘肃省供用电条例》第 12 条第 1 款和第 2 款规定：“供电企业与电力用户应当按照平等自愿、诚实信用、协商一致的原则签订供用电合同。用户对供电可靠性有特殊要求的，供电企业应当根据其必要性和电网的可能性，提供相应的电力，并在供用电合同中约定。”第 23 条规定：“用户申请新装用电、临时用电、变更用电或者终止用电的，应当依照供电企业公告的用电程序办理手续。”

《天津市供电用电条例》第20条规定:“供电区域内的单位和个人依法享有用电的权利。单位和个人新装用电、临时用电、变更用电或者终止用电，应当按照国家和本市有关规定向供电企业办理相关手续。”

《湖南省电力设施保护和供用电秩序维护条例》第25条规定:“供电企业应当与用户依法签订供用电合同，明确双方的权利和义务。对合同约定的义务，双方都应当认真履行。”

三、强制缔约义务评述

综上可以看出，地方供用电立法中都有供电企业应当“在批准的供电营业区内向用户供电”“连续向用户供电”“不得无正当理由拒绝向用户供电”等类似意思的条文，着重强调供电企业非有法定理由，不得拒绝用户合理用电的请求，不得拒签供用电合同，这就是对强制缔约义务的阐述，通过法律对供电企业意思自治进行了限制，取消了其不订立契约的自由，也不允许对缔约的相对人（即用户）进行任意的选择。因此，用户依法申请报装接电的，供电企业必须与其签订合同，向用户供电，不得强迫另一方接受其交易条件，不得设置额外的条件作为签订供用电合同的先决条件，不得拒绝供电。[1]

强制缔约制度与消费者权益保护法的衔接最为紧密，具体

---

〔1〕 白如银:《地方供用电立法的制度创新与探索》，载《安徽电气工程职业技术学院学报》2014年第2期，第27页。

体现在两个方面：一方面是对提供消费者生活必需品的自然垄断行业经济主体的强制，防止他们选择服务对象，影响消费者取得生活必需品。另一方面是这种强制缔约义务并非毫无边界，用电人没有按照《电力法》《电力供应与使用条例》《供电营业规则》等法律法规的程序办理报装手续，以及具有其他正当、合理理由，供电企业可以拒绝受理。[1] 在供用电领域，强制缔约并不是绝对的无条件的，强制缔约也存在着例外，首先，用电方必须按照国家的规定提出用电的要约，否则供电方有权拒绝承诺。例如《供电营业规则》第 18 条就规定了用户在申请新装或增加用电时需要提供相应资料并办理所需手续，否则供电企业有权拒绝受理其申请。其次，需要考虑的是，对于申请用电方的资格是否应该有所限制，实践中，一些履约能力明显不足且不能提供任何有效担保的用电主体往往依据《电力法》第 26 条规定的“强制缔约义务”和“连续履行义务”要求供电企业供电，供电企业按照现行法律的规定没有拒绝的理由，从而带来电费可能无法收取的经营风险。因此应该对用电人的资格进行限制，但与此同时，对于用电申请人诸如财产、资信的限制必须由法律、法规来进行规定，以防供电企业以任意理由拒绝供电，从而损害用电申请人的利益。

在供用电合同中强制缔约与格式条款这两种制度的运用较为明显，二者都是对合同自由原则的限制，而且，在具有社会

---

〔1〕 参见游福兴编著：《供电服务法律常识与风险防范》，中国电力出版社 2012 年版，第 14~15 页。

公益性的供用电合同中，要求处在垄断地位的供电方不得违反自己负担的强制缔约义务，同时供电方也不得利用其优势地位制定对用电方要求苛刻的格式合同来阻碍公民享受普遍服务的权利，否则，强制缔约制度就失其初衷，没有存在的意义了。

第三节　电力社会普遍服务

供电企业承担提供普遍服务的义务，为供用电合同的基本要求，以平等自愿、协商一致的原则签订供用电合同为基础。规定供电企业的普遍服务义务，有助于强化电力作为满足人的基本需求的能源属性，符合《合同法》规定，应该在国家电力立法中加以规定。

一、电力社会普遍服务的概念

电力社会普遍服务是电力体制改革过程中引入的全新理念，“电力社会普遍服务”最早见之于《国务院关于印发电力体制改革方案的通知》（国发〔2002〕5号）文件，将“监管电力社会普遍服务政策的实施”明确纳入了国家电力监管范畴。前国家电力监督管理委员会的“三定”方案中也明确规定：国家电力监管委员会及其内设机构“研究提出调整电力社会普遍服务政策的建议”，“根据国家有关政策制定电力普遍服务计划并监督实施”。

能源普遍服务理念的提出是与现代能源服务在社会中的重

要地位日益突出分不开的。现代能源服务的缺乏限制了发展中国家人口享受经济发展和生活水平提高所带来机遇的能力。各国已经普遍接受这样的认识，即能源服务的获取是克服贫困所必不可少的。[1]

普遍服务是国际通行的概念，属于政府公众政策目标范畴。其含义是国家为了维护全体公民的基本权益，缩小贫富差距，通过制定法律和政策，使得全体公民无论居住在本国的任何地方，都能以普遍可以接受的价格，获得某种能够满足基本生活需求和发展的服务。普遍服务是国家政府的职能，是非盈利的政府行为。政府通过制定法律和政策，将普遍服务的义务赋予特定的企业（一般是具有专营权的垄断性企业），通过这些企业去实施普遍服务，以实现政府的公众政策目标。在这里，服务是义务，是职责，是国家法律和政策要求企业必须做到的。同时国家也通过法律和政策，给予实施普遍服务的企业以成本补偿。

在电力政企合一的体制下，电力普遍服务的主体是各级供电企业，这没有任何争议，但是，在政企分开的情况下，政府并不能直接成为普遍服务的提供者，成为参与市场活动的主体。供电企业成为普遍服务的直接提供者不仅与现行供电体制相吻合，而且具有明显的优势，具体表现在：一是我国《电力法》第 25 条第 1 款和第 2 款规定："供电企业在批准的供电营业区内

〔1〕 苏苗罕：《能源普遍服务的法理与制度研究》，载《法治研究》2007 年第 10 期，第 13 页。

向用户供电。供电营业区的划分，应当考虑电网的结构和供电合理性等因素。一个供电营业区内只设立一个供电营业机构。”从上述规定可以看出，我国电力供应实行特定地区专营制度，因此，特定地区的电力普遍服务只能由该地区的供电企业提供。〔1〕二是从技术层面上讲，供电企业具有独特优势实施普遍服务，供电企业的性质使其了解该地区的电力情况，也能发现电力普遍服务的重点、难点，为增强普遍服务实施的针对性和有效性创造了条件。〔2〕

电力普遍服务是指由国家制定政策，由电力经营企业负责执行，确保所有用户都能以合理的价格获得可靠的、持续的基本电力服务。其主要内容包括：①对任何人在任何时间、任何地点都必须提供电力服务；②对所有用户没有价格和质量的歧视；③制定电力用户可承受的服务价格。电力普遍服务是实现社会公共利益的具体体现。〔3〕电力社会普遍服务在国内尚属新概念，具体的内涵和实施步骤需要进一步探索。

二、制定和完善电力普遍服务的法律法规

当前，我国电力普遍服务已基本完成“户户通电”初级阶段，现已进入“保障基本用电需求”发展阶段。满足偏远及落

〔1〕 唐敏：《普遍服务的法理基础与制度建构——以电力产业为例》，载《电力需求侧管理》2010年第1期，第31页。

〔2〕 杨万华、张明玉：《实施电力社会普遍服务的分析和建议》，载《管理现代化》2007年第1期，第59~61页。

〔3〕 王俊豪、高伟娜：《中国电力产业的普遍服务及其管制政策》，载《经济与管理研究》2008年第1期，第31页。

后地区居民和城镇低收入居民基本用电需求，提高居民电力消费水平，以价格合理、服务一流的准则为居民提供电力，是全面建设小康社会和促进城乡能源基本公共服务均等化的重要实现途径。

为保证电力普遍服务能够切实履行，必须通过立法的形式，明确将普遍服务作为电力经营者的法定义务，为电力普遍服务的履行提供法律保障。

我国现行的《电力法》《电力供应与使用条例》《电力监管条例》等电力法律法规，虽然都体现普遍服务的精神，包含了普遍服务的意思，但囿于历史和认识等多方面的原因，现行电力法律法规中都还没有明确提出电力普遍服务概念，对普遍服务的规定也不完善、不具体，需要结合实际进行调整、充实和完善。

现行的电力法律法规中，《电力法》对于电力普遍服务的规定主要包括：①第 12 条规定的国家发展电力建设；②第 8 条规定的国家对特定地区的扶持和帮助；③第 36 条规定的供电企业强制普遍供电义务；④第 28 条规定的供电企业须尽可能满足特殊条件用电义务。[1] 《电力法》第 6 章专门对农村电力建设和农业用电做了规定，明确“国家对农村电气化实行优惠政策，对少数民族地区、边远地区和贫困地区的农村电力建设给予重点扶持”。《电力供应与使用条例》第 23 条规定，供电营业区内

〔1〕 参见游福兴编著：《供电服务法律常识与风险防范》，中国电力出版社 2012 年版，第 13 页。

的供电营业机构，对本营业区内的用户有按照国家规定供电的义务，不得违反国家规定对其营业区内申请用电的单位和个人拒绝供电。

长期以来，我国电力企业政企合一，承担着政府的管电职能。一直担任普遍服务的角色，履行普遍服务的责任与义务。如农电“三为”（为农业、为农民、为农村）服务、村村通电、扶贫通电工程、农村排灌、农副加工的低电价、抗旱排涝、抗灾救灾电费的减免等都属于普遍服务范畴，甚至近年进行的农网建设与改造、同网同价等都具有普遍服务的属性。

三、地方立法对电力普遍服务的规定

电力普遍服务义务的确立，有利于促进经济社会协调发展，提高人民生活水平。[1]不少地方立法不仅规定了电力普遍服务，而且还直接采用了“电力普遍服务义务”这一概念。如《甘肃省供用电条例》第 11 条规定：“供电企业应当转变经营机制，建立健全企业内部激励、约束机制。依法执行社会普遍服务政策，履行社会普遍服务义务。”《天津市供电用电条例》第 5 条规定：“供电企业应当履行社会普遍服务义务，接受社会监督，提高供电服务水平。供电企业与电力用户签订供用电合同，应当遵循平等协商、诚实信用的原则。”有的地方立法还特意提到普遍供电服务要考虑到“老、少、边、穷和库区”的民众利益；

〔1〕 白如银：《地方供用电立法的制度创新与探索》，载《安徽电气工程职业技术学院学报》2014 年第 2 期，第 26 页。

民众享受普遍供电服务的权利与供电企业履行电力普遍服务义务统一。如《重庆市供用电条例》第 41 条规定："市和区县（自治县）人民政府帮助和扶持农村、少数民族地区、边远地区、贫困地区和三峡库区发展电力事业，保障人民群众享受普遍供电服务的权利。供电企业应当按照国家和本市规定履行电力普遍服务义务。"

还有一些地方的立法虽然没有使用"普遍服务"一词，但其内容也都包含了推进电网建设与改造、加强供电设施维护管理、按规定电价计收电费、提高供电能力和服务水平，保障供电质量和连续可靠供电等普遍服务的内容。如《云南省供用电条例》第 4 条规定："供电企业与用户应当遵循平等自愿、协商一致、诚实信用的原则，正确行使权利和履行义务。供电企业应当做好供用电服务工作，提高服务水平。"《广西壮族自治区供电用电办法》第 4 条规定："供电企业与用户应当遵循平等自愿、协商一致、诚实信用的原则，正确行使权利和履行义务。供电企业应当做好供用电服务工作，提高服务质量，自觉接受用户和社会监督。"

第四节　供用电合同

对供用电合同进行规范的法律有《合同法》、电力相关法律以及地方立法。各自关于供用电合同的规定有交叉重合之处，也有不一样的地方。

一、《合同法》对供用电合同的规定

《合同法》是调整合同关系最基本的法律规范，《合同法》对于供用电合同的规定具有高度概括性，也是实践中制定供用电合同所依据的重要法律规范。

由于电力供应行业具有明显的垄断性，合同的标的物也比较特殊，需要连续供应，并且使用方人数众多，对经济社会的影响比较大，因此1999年《合同法》立法时继续沿用《经济合同法》的体系，没有将其并入买卖合同，仍规定为一类独立的合同，并加入了供用水、气、热力合同加以充实完善。但由于是特殊的买卖合同，适用买卖合同的一般规则，所以将其列在了买卖合同之后，这就形成了现有《合同法》的立法体例。

《合同法》第十章对供用电合同进行规定，主要涉及供用电合同的定义、履行方式、履行地、供电人安全供电义务、停电通知义务、用电人缴电费义务等内容。虽然供用电合同所具有的买卖合同的性质使得供用电合同可以准用有关买卖合同的有关规定，但是《合同法》对供用电合同的规定过于单薄和原则性，对于供用电合同的风险转移、合同履行等内容没有做出规定。

二、电力法律法规对供用电合同的规定

（一）《电力法》

《电力法》在“总则”部分第2条规定了其适用于电力供用

与使用活动。在第四章中对国家关于电力行业的管理原则、供电企业在供电营业区供电点的义务、强制缔约义务以及对供电的质量标准、交收电费等作了规定；第五章对电价的确定标准作了规定；第六章对农村用电做了规定；第九章规定了违反供用电合同、其他义务及盗窃电能等的法律责任。《电力法》对供用电合同的规定，明确了双方当事人的权利、义务，对于与电力相关的法律关系进行了细化，对于供用电合同的订立、履行、责任的承担具有积极的现实意义。

（二）《电力供应与使用条例》

《电力法》第27条规定："电力供应与使用双方应当根据平等自愿、协商一致的原则，按照国务院制定的电力供应与使用办法签订供用电合同，确定双方的权利和义务。"1996年国务院根据前述授权制定了《电力供应与使用条例》对《电力法》供用电关系进一步进行了细化，主要规定了国家对供用电的管理原则、供用电合同订立的原则、供电营业区的划分、供电设施、供用电合同及法律责任等内容。

（三）《电力监管条例》

2005年，国务院通过的《电力监管条例》强调了行政机关对供电企业提供的电能的质量和供电服务质量、电价等内容实施监管，并且对违反规定的主管人员的责任作了规定，以此来维护电力市场的秩序，维护用电人的合法利益。条文规定了供电企业对电能质量、服务质量、供电服务的义务及相应的法律后果。

（四）《供电营业规则》

1996年，原电力工业部第8号令颁布了《供电营业规则》，其属于部门规章，虽然效力较低但却是在实践中运用最多的规范，其特色是将《电力法》及《电力供应与使用条例》具体化，详细规定了供电方式的具体选择、新装、增容与变更用电的具体程序和类型及相关费用的承担，受电设施建设与维护管理、供电质量的具体标准、电量的计量、电费的交收、供用电合同的签订条件以及违约责任等内容。

《供电营业规则》第92条规定："供电企业和用户应当在正式供电前，根据用户用电需求和供电企业的供电能力以及办理用电申请时双方已认可或协商一致的下列文件，签订供用电合同：①用户的用电申请报告或用电申请书；②新建项目立项前双方签订的供电意向性协议；③供电企业批复的供电方案；④用户受电装置施工竣工检验报告；⑤用电计量装置安装完工报告；⑥供电设施运行维护管理协议；⑦其他双方事先约定的有关文件。对用电量大的用户或供电有特殊要求的用户，在签订供用电合同时，可单独签订电费结算协议和电力调度协议等。"

随着社会的发展，《供电营业规则》中的一些条文被国务院部门的规范性文件改变，例如，《国家计委、国家经贸委关于停止收取供（配）电工程贴费有关问题的通知》就取消了存在多年的新装增容供电工程贴费，使得《供电营业规则》中第20条不再适用。

三、地方立法对供用电合同的完善

地方立法对供用电合同的进一步完善主要体现在以下几个方面：

第一，对供用电合同的内容做了进一步细化。如《云南省供用电条例》第 31 条规定："供用电合同一般包括下列内容：①供电企业和用户的名称或者姓名、住所；②供电方式、供电质量、供电时间、计量方式和中断供电通知的送达方式；③供用电数量，其中月供用电量 300 万千瓦时以上的，供电企业与用户应当在合同中约定月、季、年度供用电量；④装置容量、用电地址、用电性质，电价和电费的结算、交付方式、期限；⑤供用电设施所有权或者使用权的确认、供用电设施产权分界点的划分，供用电设施的维护、管理及用户重要设备的保护；⑥债权担保、违约责任和解决争议的方法；⑦双方共同认为应当约定的其他事项。"《青海省供用电条例》第 46 条规定："供用电合同一般包括下列内容：①供电企业和电力用户的名称、住所；②供电方式、质量、时间、计量方式；③用电的地址、容量、性质；④电价和电费的结算、交付方式、期限；⑤供用电双方的安全责任；⑥供用电设施的产权及维护管理责任划分；⑦担保、违约责任和解决争议的方法；⑧通知的送达方式；⑨合同的变更和解除条件；⑩合同的有效期限；⑪双方认为应当约定的其他事项。"

相较于《合同法》第 177 条规定的供用电合同的内容包括

供电的方式、质量、时间，用电容量、地址、性质，计量方式，电价、电费的结算方式，供用电设施的维护责任等条款而言，前述地方立法增加了“通知的送达方式”“电费结算期限”“供用电设施产权分界点的划分”“债权担保、违约责任和解决争议的方法”“合同的变更和解除条件”等内容。

第二，强调书面供用电合同的重要性，要求在供电之前必须签订书面合同，没有签订书面供用电合同的要求补签。如《云南省供用电条例》第 30 条规定：“供电企业与机关、企业事业单位用户应当在供用电前以书面形式签订供用电合同。供电企业与其他用户签订供用电合同，可以参照前款规定执行。”《青海省供用电条例》第 45 条规定：“供电企业与电力用户应当在供电前，根据电力用户需要和供电企业的供电能力签订书面供用电合同，确定双方的权利和义务。已建立供用电关系，但未签订书面供用电合同的机关、事业、企业等电力用户应当补签。”《天津市供电用电条例》第 30 条规定：“供电企业和用户在正式供电前，应当订立供用电合同，享有合同约定的权利，履行合同约定的义务。本条例施行前，非居民用户与供电企业已经建立供电用电关系但尚未签订书面供用电合同的，应当自本条例施行之日起 6 个月内补签供用电合同。逾期不补签的，供电企业可以终止供电用电关系。”《重庆市供用电条例》第 27 条第 3 款规定：“本条例施行前，已经建立供用电关系但尚未签订书面供用电合同的，应当及时补签供用电合同。”

第三，对中止供电做了详细规范。电力供应原则上应当连续，不得中止，因为中止供电对用户造成过大影响，有时甚至会造成人身伤亡。但由于技术、不可抗力等原因，绝对不能中止也不现实。地方立法明确规定可以中止供电的情形，有利于减少纠纷，对于供用电合同双方均有好处。规定主要从以下几个方面着手：

一是规定了可以中止供电的情形。如《重庆市供用电条例》第 30 条第 2 款规定："有下列情形之一的，供电企业可中止供电：①遭遇不可抗力或紧急避险；②用电人确有窃电行为，拒不改正或拒不接受处理的；③非居民用电人或居民小区运行中的受电设施不符合有关安全规范和标准，经整改仍不合格的；④用电人的用电设备对电能质量产生干扰与妨碍，经整改仍不合格的；⑤非居民用电人在限期内不拆除私增用电容量设施或设备的；⑥用电人擅自转供电能的；⑦用电人违反安全用电规定用电，危害供用电安全，扰乱供用电秩序，拒绝检查或拒不改正的；⑧未按供用电合同约定缴纳电费，经催缴仍未缴清电费的；⑨因电力设施计划检修、临时故障检修；⑩国家规定可中止供电的其他情形。"也有地方立法不采详细列举的方式，而是规定了可以中止供电的条件。如《江苏省电力保护条例》第 29 条第 1 款规定："供电企业为制止窃电行为依法需要中断供电的，应当符合下列条件：①通知拟被中断供电的用户；②采取必要的防范措施，避免因中断供电造成设备重大损失和人身伤害；③不影响其他用户正常用电；④不影响社会公共利益或者危害公共安全。"

二是根据不同情形规定了中止供电前的通知程序。如《天津市供电用电条例》第16条第3款规定:“因供电设施计划检修需要中止供电的，供电企业应当提前7日通知用户或者进行公告；因供电设施临时检修需要中止供电的，供电企业应当提前24小时通知重要用户和进行公告；因发电系统或者供电系统发生故障需要限电、停电的，供电企业应当按照市人民政府确定的事故序位进行限电或者停电；因不可抗力或者紧急避险需要立即停电的，供电企业可以中止供电，但事后应当报市电力行政主管部门备案，并向停电用户说明情况。”

三是规定了用户对中止供电的救济制度。如《上海市保护电力设施和维护用电秩序规定》第17条第2款规定:“电力用户对电力企业的中止供电行为有异议的，可以向市电力行政管理部门申诉。”《江苏省电力保护条例》第31条规定:“用户对供电企业中断供电有异议的，可以向电力行政管理部门投诉。电力行政管理部门应当及时调查，并在3个工作日内作出是否恢复供电的决定。用户对电力行政管理部门的决定不服的，可以依法申请行政复议或者提起行政诉讼。”

四是规定了供电企业不当停电的行政与民事责任。如《安徽省电力设施和电能保护条例》第41条规定:“供电企业违反本条例第28条、第29条规定，擅自中断供电或者未按时恢复供电的，由电力行政主管部门责令改正，给予警告；给用户造成经济损失的，应当依法承担赔偿责任。”

五是规定了中止供电时供用电双方的减损义务。如《重庆市供用电条例》第 45 条第 1 款规定:“具备中止供电情形需要中止供电的，供电企业和用电人应当采取有效措施避免或减少因停电造成的损失。”《安徽省电力设施和电能保护条例》第 28 条第 2 款规定:“窃电用户接到中断供电通知后，应当在通知限定时间内采取相应措施，防止发生重大损失和人身伤害。”

第四，对恢复供电进行了规定。一是规定了恢复供电的条件，如《湖南省电力设施保护和供用电秩序维护条例》第 38 条规定的恢复供电条件是:“符合下列条件之一的，供电企业应当在 24 小时内恢复供电：①因窃电被中止供电的用户改正窃电行为后，向供电企业补交了电费并支付了违约金或者提供了足额担保的；②其他严重影响供电质量、电网安全或者供用电秩序的行为已经改正的；③电力行政主管部门作出了恢复供电决定的。”二是恢复供电的时间。《重庆市供用电条例》第 45 条第 3 款规定:“引起中止供电的原因消除后，供电企业应当在 24 小时内对居民用电人恢复供电，对非居民用电人应当在 48 小时内恢复供电。欠费用电人缴纳所欠电费后，供电企业应当在 24 小时内恢复供电。供电企业不能按照规定时限恢复供电的，应当向用电人说明原因。”三是规定了不按时恢复供电的法律责任。如《安徽省电力设施和电能保护条例》第 41 条规定:“供电企业违反本条例第 28 条、第 29 条规定，擅自中断供电或者未按时恢复供电的，由电力行政主管部门责令改正，给予警告；给用户造成经济损失的，应当依法承担赔偿责任。”

第五，对格式化的供用电合同或其中格式条款加以规范。

如《重庆市供用电条例》第 27 条第 1 款规定，“供电企业与用电人建立供用电关系应当订立书面供用电合同。供用电合同的格式条款和格式合同文本应当依照《重庆市合同格式条款监督条例》的规定，报市工商行政管理部门备案。”

第六，对特定情形下供用电合同解除的期限做了规定，对于供电企业具有很强的指导意义。如《云南省供用电条例》第 22 条规定：“生产经营用户破产、解散或者被吊销营业执照的，应当自宣告破产、决定解散或者被吊销营业执照之日起 7 日内向供电企业申请办理拆表销户手续；逾期未办理的，供电企业可以终止生产经营供电。在终止供电后，涉及生活用电的，用户应当重新办理用电手续。”

第七，规定了电能计量纠纷的处理。如《甘肃省供用电条例》第 16 条规定：“供电企业应当保证电能计量的准确性。用户对供电企业计费电能表的准确性有异议时，有权向法定计量检定机构或者经质量技术监督部门授权的电能计量检定机构申请检定。检定机构应当在收到检定申请 7 个工作日内将检定结果书面通知用户。用户对检定结果有异议的，可向政府计量主管部门申请裁决，计量主管部门应当在 7 个工作日内将裁决结果书面通知用户和供电企业。如误差在允许范围内，检定费由用户支付；误差超过允许范围，检定费由供电企业支付，并按检定结果退补电费。在电能表检定期间，用户应当按期交纳电费，供电企业应当提供替代临时计量装置，并正常供电。”

第五节　预收电费

一、“预收电费”的合法性分析

电费征收是供用电合同中非常重要的条款。日常生活中有“先买后用”和“先用后买”两种交易习惯。鉴于电在没用之前不好确定费用，实践中用户都是先用电后交费，缴费的周期一般都是以月为单位。这种缴费方式虽然方便了用户但给供电企业带来了很大的电费拖欠风险。《电力供应与使用条例》第39条关于欠费30日后经催交仍不交纳且必须再提前3~7天通知方可停电催交电费的规定，更加剧了回收电费的困难。[1] 为解决该问题，随着智能电网技术的发展，供电企业积极推广预付费电能表。作为新型用电方式，在缴费方式、用电顺序、欠费停电以及反窃电等方面，与传统供用电管理存在很大区别，但国家法律法规对此种付费方式并无明确规定。[2]

供用电关系本质上是一种平等民事主体之间的电力买卖关系，属于我国《民法总则》和《合同法》等民事法律法规调整的范畴，这种调整总体上是充分尊重当事人意思自治的。我国《合同法》第182条明确指出，用电人应当按照国家有关规定和

---

〔1〕 白如银：《地方供用电立法的制度创新与探索》，载《安徽电气工程职业技术学院学报》2014年第2期，第29页。

〔2〕 王重阳、赵海荣：《法治视野中的地方电力立法》，载《安徽电气工程职业技术学院学报》2013年第2期，第35页。

当事人的约定及时交付电费。而“价款和报酬”条款是合同的基本条款，预收电费方式的约定恰恰是关于合同价款和支付方式的约定，是完全合法的。目前国家对电费的支付方式是没有明确规定的，因此当事人对付款方式的约定只要不违反国家强制性法律法规的规定即为合法。鉴于此，预收电费方式只要是基于供用电双方协商一致，就属于当事人的约定范畴，完全符合《合同法》第161条关于“买受人应当按照约定的时间支付价款”的规定。

从法规和政策的规定来看，我国《电力供应与使用条例》第27条明确规定，用电人应当按照国家批准的电价，并按照规定的期限、方式或者合同约定的办法，交付电费。这就从电力行业法规的角度，确立了把预收电费方式作为用电人交付电费方式的约定合法化。同时中华人民共和国国家经济贸易委员会《关于安装负控计量装置供用电有关问题的复函》（国经贸厅电力函〔2002〕第478号）规定，用电人先付费、供电企业后供电是近年出现的一种新型供用电方式，采取此种方式供用电不违反法律、法规的规定，但须经供用电双方协商一致。也就是说，只要双方对此方式在合同中有约定即是合法。这些都为预收电费方式的实施提供了较为有力的政策与法规依据。

《电力法》《合同法》条文隐含的主流交易方式是赊电制，即“先用电、后交钱”的电费交纳方式。有观点认为预收电费方式违反了我国《电力法》，因为我国《电力法》第33条明确规定，供电企业应当按照国家核准的电价和用电计量装置的记录，向用户计收电费。但事实上，预收电费方式并不违反《电力法》的这一规定，因为预收电费方式并不是一种最终的电费结算方式，电费是以用户的用电计量装置记录的数据为依据，通过核算，实行多退少补的原则予以最终结算的。所以，这种预收电费方式与《电力法》规定的按计量装置的记录收取电费并不矛盾。

二、“预收电费”地方立法的突破

对于预收电费的争议，不少地方立法予以了明确回应。首次对“预收电费”在立法上给予了明确回应的是《云南省供用电条例》，其第 17 条规定：“供电企业应当按时、准确抄表。容量 315 千伏安及以上的用户，供电企业可以每月分 3 次抄表，在抄表后 5 日内结清电费。供电企业对用户可以预收电费，但不得超过用户一个月预计用电量的电费。”第 28 条第 1 款和第 2 款规定：“用户应当按照国家和省核准的电价及用电计量装置的记录、规定的方式、期限或者合同约定的办法交纳电费，用户可以预存电费。专用变压器供电、临时用电、安装预付费计量装置的用户应当按月预交电费；预交电费确有困难的用户可以先用电后交付电费，但应当依法提供担保。”

随后很多其他的地方立法也对此予以肯定。如《青海省供用电条例》第 30 条规定：“供电企业应当按时准确抄表，可以根据电力用户的信用状况及履约能力，分别采取购电制、预付电费、分期结算等方式，向电力用户计收电费。对容量 315 千伏安以上的电力用户，供电企业可以每月 3 次抄表，电力用户应当在抄表后 5 日内结清电费。采取预付电费方式的，其预收电费不得超过用户一个月预计用电量的电费。”

《湖南省电力设施保护和供用电秩序维护条例》第 31 条第 4 款规定：“提倡使用购电装置用电。”

《重庆市供用电条例》第 34 条规定：“用电人可选择采用购电制、预存电费、分期结算等方式缴纳电费。对于有拖欠电费记录的用电人，供电企业可以选择收费方式。供电企业选择预存电费收费方式的，不得超过用户一个月预计用电量的电费。”

《海南省电力建设与保护条例》第 33 条第 2 款规定：“供电企业可以根据具体情况，与用户协商确定采取预收方式收取电费。预收电费装置由供电企业免费提供。”

《河南省供用电条例》第 41 条规定：“供电企业必须执行国家规定的电价，不得擅自设立收费项目或者变更收费标准。供用电双方可以协商选择采用预购电、预存电费、分期结算等方式缴纳电费。对于无正当理由拖欠电费的用电人，供电企业可以选择收费方式。”

在国家相关法律法规没有做出具体规定前，这些电力地方立法先行一步，率先对新型用电问题进行立法确定，显得迫切而又必要。从以上的地方立法的规定中，我们可以看到，对于“预收电费”的选择，不论是供电人，还是用电人都是用“可以”一词，所以预收电费也只是一种可以协商选择的付费方式，而不是强制使用的。在我国，有相当一部分商品采用了“先买后用”的交易方式。电力作为一种关系国计民生的商品，客观上存在“先用后买”和“先买后用”两种交易方式，使用购电装置用电是“先买后用”的交易方式。提倡使用购电装置用电，能够促进用户形成量力消费的用电观念，节约用电，保持电力连续稳定供应，减少欠费纠纷，降低法律成本。供电企业应当积极筹措资金，采用各种措施，各级政府及其相关部门应予以支持，广大电力用户应转变观念，积极支持配合，大力推行使用购电装置用电。

第六节　房屋产权变动与供用电合同的处理

现实生活中，当房主购买房屋后，一般都会与供电局签订供用电合同。若房主将房屋再次出售，由于《物权法》第 9 条规定，不动产物权的设立、变更、转让和消灭，经依法登记，发生效力；未经登记，不发生效力，但法律另有规定的除外。新旧房主会到房屋登记管理部门办理过户手续，将房屋的产权变更为新房主。尽管通常情况下，新房主都需要用电，但也存在仅买房屋而不用电的例外情况。因此，供用电合同与供水、供气、电视收视服务合同一样，并非房屋不可分割的组成部分，并不能当然地与房屋产权一并转移。如果新房主需要继续用电的话，最方便的处理方法就是到供电公司办理供用电变更手续。但由于有些旧房主嫌麻烦，往往不愿意协助新房主到供电局办理供用电合同的变更手续，此时就会出现供用电合同的主体与实际的用电人不一致的情形，给供电公司带来风险。一旦出现拖欠电费的情形，旧房主往往以自己已将房屋出售不再是实际用电人进行抗辩，而新房主则以自己与供电公司之间没有供用电合同，不是合同当事人进行抗辩。当然也不排除有的新房主以自己不用电为由，拒绝旧房主将供用电合同过户给自己。不论是哪种情况，此时供电公司都面临应如何处理与旧房主间的供用电合同之法律难题。目前未见地方立法对该问题的规定。

对于与旧房主签订的供用电合同，理论上有三种解决方案：一是解除；二是转移；三是保留原合同，基于新房主的申请，重新签订新的供用电合同。

一、解除合同路径之探讨

就解除而言，《合同法》规定了 3 种解除方式：协商解除、约定解除和法定解除。根据《合同法》第 94 条的规定，法定解除的情形有 5 种：①因不可抗力致使不能实现合同目的；②在履行期限届满之前，当事人一方明确表示或者以自己的行为表明不履行主要债务；③当事人一方迟延履行主要债务，经催告后在合理期限内仍未履行；④当事人一方迟延履行债务或者有其他违约行为致使不能实现合同目的；⑤法律规定的其他情形。

就这三种解除方式而言，如果旧房主属于预付费用户，且还有剩余电费，不排除其会与供电公司协商解除供用电合同的可能性。但也不排除其嫌麻烦，而是直接与旧房主进行结算，或者置之不理。非预付费用户，因嫌麻烦抑或不愿支付尚未结清的电费，基本不会与供电公司协商解除。不论是哪种用户，如果在供用电合同里没有约定合同解除的情形，约定解除则没有用武之地。对于法定解除的5种情形，第一、四、五三种情况明显不符合，不能适用。由于旧房主已经将房屋出售，以后可能不会再用电，似乎符合当事人一方以自己的行为表明不履行主要债务，可以适用第二种情形。但这一归类有两点值得商榷：一是旧房主不再用电仅是推定，可以被推翻。很有可能旧房主只是在屋内不再用电，在屋外仍需用电，强行解除合同并不符合旧房主的本意。二是用电是权利，支付电费才是主要义务，旧房主不再用电不能认定其不履行支付电费之义务，尤其是在旧房主系预付电费时，更无法得出此结论。如果旧房主在将房屋出售时，尚有电费没有结清，似乎可以根据第三种情形，对其进行催告，经催告后在合理期限内仍未履行的，供电公司可以行使法定解除权。但对于预付费的房主，法定解除此时似乎也派不上用场。

二、合同概括转让之探讨

就合同转移而言，《合同法》规定了3种情形：债权转让、债务转移、权利义务概括转让。由于供用电合同中的用电人既有权利又有义务，当其将供用电合同中的权利和义务一并转让给旧房主时，应属于《合同法》第88条规定的概括转移，应当经债权人同意。

在实践中，最常见的情形就是新旧房主就电费自行进行结算，但旧房主又不协助新房主进行供用电合同的变更，此种情形可不可以视为双方就供用电合同达成了概括转让的合意呢？应当说新旧房主实际上已经就供用电合同的概括转让形成了合意，只是双方达成的是口头协议，而非书面协议。双方也没有按照《合同法》第88条的规定去征求债权人供电公司的同意。

那新旧房主之间达成的概括转移供用电合同是否有效呢？对此同样需要区分预付费用户和非预付费用户。对于预付费的用户为了方便用户购电，都会给其供电凭证，如购电卡。当新旧房主直接结算时，旧房主一定会将电卡等相关购电凭证交付给新房主。当新房主持电卡等凭证单方要求供电公司变更合同时，供电公司可以予以变更。理由在于：①《合同法》虽规定合同的概括转让需要债权人的同意，但并没有规定债权人的同意时间，因此就不能强求供电公司必须在新旧房主达成概括转移协议时同意。在新房主单方申请变更合同时，供电公司才知道，此时其仍可以同意。一经同意概括转移合同生效，新房主就成为供用电合同的当事人，供电公司此时将合同当事人变更为新房主，系按照新旧房主双方的意思行事，无需再次征得旧房主的同意。②从风险预防的角度看，旧房主属于预付费用户，在与新房主结算时已经收回了剩余电费，没有损失，与供电公司发生纠纷的可能性基本没有。即使发生纠纷，只要将新房主在申请变更供用电合同时的相关用电凭证等材料复印下来，也可以证明双方存在概括转移供用电合同的口头协议。

麻烦的是先用电后付款的非预付费用户，这种用户可能没有电卡等购电凭证。双方即使存在概括转让的合意，并对旧房主尚未支付的电费进行了结算，但由于没有交付电卡等购电凭证的行为，新房主在申请变更供用电合同时自然也提供不了这些材料，故没有证据证明新旧房主双方就供用电合同达成概括转让合意，供电公司自然不能直接根据新房主的申请变更供用电合同当事人。但是，鉴于新房主对于其与旧房主之间是否存在口头概括转让的协议、是否会引发争议、后果是什么最为清晰，如果其书面承诺二者之间存在概括转让协议，愿意承担因单方申请变更供用电合同所产生的责任，也可以予以变更。毕竟供电公司在新旧房主合同概括转让中享有的是批准权利，且《合同法》第88条仅是规定“一方经对方当事人同意”，而没有说必须经“一方申请并经对方当事人同意”，因此，供用电合同的受让人即新房主申请变更也不违法。

三、基于新房主的申请，重新签订新的供用电合同

当旧房主不配合新房主办理供用电过户手续时，新房主就只能或者以旧房主的名义用电，或者申请签订新的供用电合同。以旧房主的名义用电就意味着新房主需要承担旧房主尚未付清的电费，新房主一般不愿意。此时，新房主往往会选择后者，向供电公司申请签订新的供用电合同。此时，供电公司面临的法律难题则是，在与旧房主的供用电合同尚未解除的情况下，能否再签订一个新的供用电合同，或者说同一用电地址能否有两个以上用户？

从理论上讲，新房主享有用电权，供电公司如无法定原因则负有强制缔约义务。那供电公司能否以同一用电地址只能签订一个供用电合同进行抗辩？显然不能。因为：①这一说法并没有明确的法律依据。②一个房子上不能并存的是两个所有权，供用电合同产生的是债权，两个债权完全可以并存。③同一个供电地址上存在两个债权会不会导致计量不能呢？不会。售电侧改革启动后，发电厂需在同一个地址，用同一个计量表分别履行与电网公司、售电公司、大用户之间的购售电合同就是明证，一个计量表可以用来计量不同的债权，只是结算比较复杂而已。④两个债权有无产生冲突呢？最有可能的冲突是旧房主为了报复新房主要求停止供电，而新房主要求供电。旧房主要求停止供电应当属于中止履行合同，而非解除合同，并且是要求供电公司中止履行义务，而非常见的中止履行自己的义务。对此，供电公司必须同意吗？无论是哪种情况，如无《合同法》第 68 条规定的法定情形，中止履行供用电合同必须经当事人双方协商一致。考虑到新房主的利益，供电公司可以予以拒绝，从而化解前述冲突。

两个供用电合同并存带来的问题是旧房主的供用电合同何时能够解除，永不解除的话就会成为僵尸合同。《供电营业规则》第 23 条虽规定用户 6 个月连续不用电，也不办理暂停，供电局可销户。但由于该规则系部门规章，如果该内容没有写入供用电合同，应无强制效力，并不能依此操作。对于尚未付清电费的旧房主，供电公司就只能主动联系旧房主协商解决，旧房主不愿协商时就只能根据《合同法》第 94 条的规定，对于当事人一方迟延履行主要债务的，经催告后在合理期限内仍未履行，通过诉讼索要电费并解除供用电合同。

如果旧房主失联，上述途径显然用不上。又该怎么办呢？此时应可以根据《合同法》第 94 条的规定，即在履行期限届满之前，当事人一方明确表示或者以自己的行为表明不履行主要债务的，通过诉讼解除合同，因为旧房主失联这一事实本身就已证明了其不会支付尚未付清的电费，不会履行主要债务。

不可否认，上述解决方式都费时费力。为方便起见，未来可在供用电合同里约定，只要用电方连续 6 个月不用电，也不办理暂停手续，合同自期限届满之次日起自动解除，或者约定供用电合同自房屋产权过户 6 个月后自动解除。

第八章 窃电行为及其查处

长期以来，窃电问题一直困扰着供电部门。由于电表安装在用户处，窃电很难被及时发现，就目前的技术和设施角度而言，难以有效遏止窃电；由于电能为无形物的特点，盗窃本身即使用、消耗，盗窃数额很难确定；加之窃电查处的专业性、技术性，以及电力管理部门的缺失，致使对窃电行为的打击不力。随着经济的发展和用电量的增大，窃电问题变得越来越突出。窃电行为严重地损坏了电力企业的利益，扰乱了供用电秩序，也严重影响了国家的经济建设和社会的稳定。

反窃电方面的地方立法始于 1999 年 10 月 23 日颁布的《江西省反窃电办法》，这是我国首部反窃电地方立法，此后有 15 个省（自治区、直辖市）纷纷出台以“反窃电”“查处窃电”或者“电能保护”为名的单项法规或规章。[1] 为适应不同地区在供用电检查的现实需要，地方电力立法大都明确规定了供电企业依法享有用电检查权。其中，我国现行 71 部地方电力法规

〔1〕 刘畅：《反窃电地方立法制度创新与修法建议》，载《大众用电》2017 年第 8 期，第 6 页。

规章中，有超过半数的法规规章在用电检查和查处窃电领域进行了制度安排。[1] 处理窃电违法行为的突出问题是窃电行为的界定难、窃电时长及窃电量认定难两大问题，地方立法也主要围绕这两个问题力求突破。

第一节　窃电行为概念及其具体表现形式

窃电是指公民、机关、团体、企事业单位或其他社会组织以非法占用电能，达到不交或少交电费为目的，采用秘密手段不计或少计用电量的行为。[2] 其主要方法是改变电能表的电流极性、电压极性、互感器的电流比，伪造铅封或绕越电能表用电。窃电，从本质上讲，是一种侵占公共财物的违法行为。

实施窃电行为的主体，既有个人，也有企业事业单位、机关团体。窃电采用的手段是秘密窃取，客观表现为隐蔽手段或者其他手段。

一、《电力供应与使用条例》和《供电营业规则》用列举的形式界定了窃电行为

窃电在《电力法》第 71 条中被称为“盗窃电能”，从本质上讲是一种盗窃财物的行为。由于电能商品的无形性，盗窃本身即使用或消耗，事后无法通过取得赃物来证实，而只能通过

〔1〕 刘进、张宏伟：《用电检查制度完善探析》，载《中国电力企业管理》2018 年第 4 期，第 98 页。

〔2〕 喻术红：《关于窃电问题》，载《法学杂志》1998 年第 2 期，第 37 页。

行为进行认定。

《电力供应与使用条例》第31条明确规定窃电行为包括：①在供电企业的供电设施上，擅自接线用电；②绕越供电企业的用电计量装置用电；③伪造或者开启法定的或者授权的计量检定机构加封的用电计量装置封印用电；④故意损坏供电企业用电计量装置；⑤故意使供电企业的用电计量装置计量不准或者失效；⑥采用其他方法窃电。《供电营业规则》第101条做了和《电力供应与使用条例》第31条相同的规定。

以上所规定的几种窃电较为常见和普通，但随着社会的发展，高科技窃电等新型窃电方式越来越多，国家层面的立法显得有些滞后。[1]

用倒码器窃电；伪造封印、封钳窃电；短接CT内部；私自砌墙暗线、私自接外线或绕越电度表接线窃电……据了解，当前，一些不法分子的窃电手法也不断翻新花样，窃电呈现高科技化、智能化等特点。一些新的窃电手段具有很强的技术性和隐蔽性，给反窃电调查取证工作带来难度，特别是给依法追究窃电者的法律责任造成了一定的难度。

二、地方立法对窃电行为的丰富和发展

各省纷纷出台的地方反窃电法规，基本上都引用了《电力供应与使用条例》和《供电营业规则》的列举式定义，这种方

---

〔1〕 王重阳、赵海荣：《法治视野中的地方电力立法》，载《安徽电气工程职业技术学院学报》2013年第2期，第35页。

式的缺陷非常明显，那就是无法穷尽，容易挂一漏万。为此，有的地方电力立法进行了创新和突破，对窃电行为进行内涵式定义。如 1999 年 10 月 23 日，江西省第九届人民代表大会常务委员会第十二次会议通过《江西省反窃电办法》（后由江西省第十一届人民代表大会常务委员会第三十四次会议于 2012 年 11 月 30 日予以修订），这是我国第一部专门规制窃电行为的地方性法规，其第 2 条第 2 款规定，本办法所称窃电是指以非法占用电能为目的，采用隐蔽或者其他手段不计量或者少计量用电的行为，并对典型行为进行了列举。其后不少地方立法的定义与此大同小异，只不过表达上有些变化而已。如《北京市预防和查处窃电行为条例》（现已失效）第 2 条规定："本条例所称窃电行为是指以非法占用电能为目的，采用秘密手段实施的下列不计或者少计电量的用电行为。"不过前述定义存在硬伤，因为不计或者少记电量并不是窃电人的终极目的，其最终目的是为了少交电费。从这个角度观察，前述定义存在不周延的情形，即未能将私自更改变压器铭牌参数、私自调整分时用电计量装置的参数等行为囊括在内，尽管该种行为并不会导致计量的电量减少，但仍能达到少交电费的目的，应当属于窃电行为。

对此缺陷，《湖北省预防和查处窃电行为条例》第 2 条予以了完善。该条规定，本条例所称窃电行为，是指以非法占用电能为目的，故意采用下列方法不计量、少计量或者少计价的用电行为。从这些定义可以看出，判断某行为是否属于窃电行为需满足三个条件：一是行为人主观上具有非法占用电能的故意，

“电能”包含电量和电力两个方面的含义；二是行为人客观上实施了非法占用电能的行为；三是造成了不计量、少计量或者少计价等导致少计电费的后果。

因此，未来在对窃电进行立法时，应借鉴和采纳地方立法的经验，在认定窃电行为时，把私自更改变压器铭牌参数、私自调整分时用电计量装置的参数等尽管不会导致少计电量，但会导致少交电费的行为也定性为窃电行为。同时将新型窃电方式纳入其中，并加以兜底式规定。

现实中的窃电行为不断发展变化，尤其是以高科技手段或者更隐蔽方式窃电的手法层出不穷。窃电行为形形色色，据了解已发现的窃电方法有 70 多种。[1] 为了更清晰地界定窃电行为，各省地方立法均注意吸取实践经验，对比较常见的窃电行为进行列举，增加了以下几种情形：

1. 安装使用窃电装置。如《江西省反窃电办法》第 2 条第 5 项列举的“使用窃电装置的”；《湖北省预防和查处窃电行为条例》第 2 条第 5 项列举的“使用窃电装置的”；《新疆维吾尔自治区反窃电办法》第 3 条第 6 项列举的“使用装置窃电”等。

2. 使用非法充值卡用电。许多省市已推行便民的用电充值卡缴纳电费制度，为应对此种窃电行为而设。如《江西省反窃电办法》第 2 条第 6 项列举的“使用非法用电充值卡或者非法使用用电充值卡的”；《湖北省预防和查处窃电行为条例》第 2

〔1〕 白如银：《地方供用电立法的制度创新与探索》，载《安徽电气工程职业技术学院学报》2014 年第 2 期，第 31 页。

条第 6 项列举的“使用非法用电充值卡或者非法使用用电充值卡占用电能的”；《新疆维吾尔自治区反窃电办法》第 3 条第 7 项列举的“伪造电费卡或者非法对电费卡充值用电”；《甘肃省供用电条例》第 31 条第 7 项列举的“将预购电费卡非法充值后用电的”等。

3. 擅自增大计量变比，增加容量用电。为了应对实行两部制电价用户私自增加电力容量、非法改变用电计量装置的计量方法、标准进行窃电的行为，有的地方对此也予以了规范。如《湖北省预防和查处窃电行为条例》第 2 条第 7 项列举的“实行两部制电价用户私自增加电力容量的”；《甘肃省供用电条例》第 31 条第 8 项列举的“擅自改变计量变比的”等。

4. 删除、修改供电企业计量电费的信息系统中存储、处理或者传输的数据或者应用程序用电。如 2005 年《哈尔滨市窃电行为预防和查处规定》（现已失效）第 9 条列举的“故意删除、修改或者伪造用电信息系统或者计量表中有关数据和应用程序用电”等。

5. 未安装用电计量装置的临时用电户超过约定的时间和条件用电。如《黑龙江省反窃电条例》第 15 条第 8 项列举的“未安装用电计量装置的临时用电户超过约定的时间和条件用电”；《吉林省反窃电条例》第 2 条第 7 项列举的“未安装用电计量装置的临时用户，在供、用电双方约定的时间和容量以外用电的”等。

6. 在电价低的供电线路上擅自接用电价高的用电设备或者

私自改变用电类别。如《黑龙江省反窃电条例》第 15 条第 9 项列举的“在电价低的供电线路上擅自接用电价高的用电设备或者私自改变用电类别”。

7. 改变用电计量装置计量准确性，或私自调整分时计费表时段或时钟，或者修改计量软件使其少计量或不计量。如《重庆市供用电条例》第 38 条列举的“改变用电计量装置计量准确性，或私自调整分时计费表时段或时钟，使其少计量或不计量”和“改变用电计量装置接线或二次回路用电的”；《湖南省电力设施保护和供用电秩序维护条例》第 32 条第 7 项列举的“私自调整分时用电计量装置的参数少交电费的”；《四川省电力设施保护和供用电秩序维护条例》第 33 条第 7 项列举的“擅自改变用电计量装置计量软件的”；《福州市预防和查处窃电行为条例》第 2 条第 6 项列举的“实行分时段电价计费的用户非法改变分时计价装置用电”等。

8. 私自更改变压器铭牌参数用电。如《湖南省电力设施保护和供用电秩序维护条例》第 32 条第 7 项列举的“私自更改变压器铭牌参数用电的”；《四川省电力设施保护和供用电秩序维护条例》第 33 条第 5 项列举的“擅自更改变压器铭牌参数用电的”等。

9. 改变用电计量装置接线或二次回路用电。如《重庆市供用电条例》第 38 条第 8 项列举的“改变用电计量装置接线或二次回路用电的”。

三、对窃电行为的完善建议

既然电能是一种动产，就应当以占有作为所有权转移的标志。电能计量装置在技术上是一种电量的计费依据，在法律上，也是电能所有权转移的标志，同时承担记录转移电能的数量的作用。对于擅自接线用电、绕越电能计量装置用电以及故意使计量装置不准这三种窃电方式，由于其用各种方式使电能计量装置无法计量交付电能的数量，因此，我们可以认定这三种行为是非法转移对电能的占有，盗取不属于自己所有权的电能的行为，是一种窃电行为。

但是，对于伪造或者开启法定的或者授权的计量检定机构加封的用电计量装置封印用电，以及故意损坏供电企业用电计量装置这两种行为，有观点认为，电能计量装置的封印作用是保证电能计量装置的完整性，从技术角度，只要用电计量装置的封印打开，就能够轻易地对电能计量装置实施窃电行为。但是，这两种行为的对象只是电能计量装置上的封印或者是电能计量装置，并不是电能的所有权，这两种行为并未实际占有任何属于他人所有权的电能。电能是具高度消耗性的物，电能交付后，一般无法进行储存，需要立刻进行使用，因此，取得电能所有权的同时，所有权即告消灭，可以说是即时取得、即时使用、即时消灭，因此，其所有权的保护效力只能向将来发展，而不能溯及过去。因此，即使电能计量装置的封印打开，但只要没有发现非法转移电能占有的情况，就不应当以窃电论。因此，行政法规对于窃电行为的认定，并不完全合法、合理。

第二节 窃电案件中用电检查权的行使

一、用电检查权的法律依据及定位

《电力法》第 6 条和第 7 条已经明确规定了政府电力管理部门的行政管理职责和电力企业的民事法律关系主体地位，而且电力企业的这种地位在《合同法》第十章“供用电、水、气、热力合同”中有更具体的体现。因此，电力企业在供电合同的订立和履行过程中的活动应当适用《合同法》和其他有关民事法律。供电局发现用户有窃电行为的，可以依法提起民事诉讼。

虽然供电活动属于合同法规定的民事活动，但鉴于供电活动的特殊性和电力管理制度的传统，《电力法》对供电企业和用户的权利、义务又作了一些特别规定。例如，《电力法》第 32 条规定了用户用电不得危害供电、用电安全和扰乱供电、用电秩序。对危害供电、用电安全和扰乱供电、用电秩序的，供电企业有权制止。第 33 条规定了供电企业应当按照国家核准的电价和用电计量装置的记录，向用户计收电费。供电企业查电人员和抄表收费人员进入用户，进行用电安全检查或者抄表收费时，应当出示有关证件。用户应当按照国家核准的电价和用电计量装置的记录，按时交纳电费；对供电企业查电人员和抄表收费人员依法履行职责，应当提供方便。这些规定属于特别法的规定，适用优先于《合同法》。

依据《电力法》第33条和《电力供应与使用条例》第4条的规定，供电企业依法拥有用电检查权，即对用户是否安全用电、有无违章用电及窃电行为等进行检查的权利。供电企业依法行使用电检查权，并接受电力行政管理部门的监督。供电企业应当设立用电检查机构，配备合格的用电检查人员和必要的设备，依法开展用电检查工作。

用电检查应当定位为特殊的民事行为。说它是民事行为，是因为它是一个民事主体实施的行为；说它特殊，是因为它打破了合同的一方主体一般不得对对方实施检查的规则，也即是一种例外的情形。

既然用电检查性质为民事行为，对检查结果的应用应当限于民事责任追究则是顺理成章的事情。纵观电力法律、法规的相关规定，基于用电检查的结果追究民事责任有以下几种：一是要求对方停止违章、违约或侵权行为；二是要求对方限制改正；三是要求对方依法、更主要的是依据供用电合同的约定，支付违约金；四是要求对方赔偿损失，若无法追究对方违约金或违约金仍不能弥补供电企业损失时，其差额可要求赔偿；五是中止供电。

用电安全检查是《电力法》赋予电力企业的法定职责，从电力企业和作为电力企业职工的用电检查人员角度而言，用电安全检查似乎仅是为了维护企业自身的利益，但是从《电力法》规定用电安全检查的立法本意而言，是为了维护公共安全，维护社会公共利益。用电检查是将企业利益和社会利益相结合，这一结合既可以降低社会管理成本，又可以实现维护社会公共利益的目的。

因为电力的发、供、用是同时完成的，电网联系着千家万户和公共安全，法规才赋予供电企业（供用电合同的供电方）去检查用户（供用电合同的用电方）的用电设施和用电情况的权利，一般合同中的任何一方是无权检查另一方对合同标的使用情况的。建立用电安全检查制度，授予供电企业发现窃电行为时立即制止、保护现场、收集证据的权利，一定程度上弥补了电力行政执法缺位薄弱的问题。[1]

二、《用电检查管理办法》的废止及影响

2016年1月1日，国家发展改革委发布第31号令，废止原电力工业部发布的《用电检查管理办法》。《用电检查管理办法》是原电力工业部于1996年制定并颁布实施的，带有强烈的政企合一、计划经济时代的烙印，与市场经济已不相适应。从立法目的来看，《用电检查管理办法》的制定是为了保障正常的供用电秩序和公共安全，《用电检查管理办法》赋予供电企业实施用电安全检查，查处窃电行为等权利。另外，《用电检查管理办法》对用电检查人员资格、检查程序规范管制较多，带有明显的行政色彩，这是由当时政企合一的时代背景决定的。

《用电检查管理办法》虽被废止，但供电企业的用电检查职

〔1〕 白如银：《地方供用电立法的制度创新与探索》，载《安徽电气工程职业技术学院学报》2014年第2期，第31页。

责并没有免除。《用电检查管理办法》的上位法如《电力法》《电力供应与使用条例》等对此仍有规定。《电力法》第 32 条第 2 款规定："对危害供电、用电安全和扰乱供电、用电秩序的，供电企业有权制止。"第 33 条第 3 款规定："用户……对供电企业查电人员和抄表收费人员依法履行职责，应当提供方便。"《电力供应与使用条例》第 30 条和第 31 条则对用户扰乱正常供用电秩序的行为、窃电行为进行了界定，并规定了应承担的法律责任。

另外，一些地方法规，如《云南省供用电条例》第 20 条、第 21 条直接规定了供电企业用电检查的内容和程序；《上海市供用电条例》第 16 条明确了供电企业可以中止供电的 9 种情形，这些都为供电企业开展用电检查并对相关违章用电行为进行查处提供了依据。可见，供电企业开展用电检查的职责是法律、法规赋予的，并不会因为《用电检查管理办法》的废止而免除。

关于电网企业对用户的用电检查权在本次电力体制改革和电力法修订讨论中也一直是一个争议焦点。主张废除电网企业用电检查权的观点认为，电网企业和电力用户是平等民事主体关系，因此在立法中赋予一方检查另一方的权利违反民法的平等原则和公平原则，因此应当废除。主张保留电网企业用电检查权的观点认为，电力的供应与使用具有特殊性，供电系统与受电系统、部分用电系统相互联结相互作用，受电系统或者用电系统发生故障可能反过来危及公共供电系统的安全，进而威胁公共安全，因此有必要赋予管理公共供电系统（即电网）的一方特别的检查权，以维护公共利益、保障公共安全。

《用电检查管理办法》废止后，电网企业为保障电网安全、查处窃电和违约用电行为以维护自身合法权益，仍有开展用电检查的现实需要。电网企业应积极推动出台地方性法规、规章，重新明确用电检查的相关规定。笔者认为，为顺应国家电力体制改革潮流，在推动用电检查地方性立法时，一方面应消除电网企业开展用电检查的行政色彩，通过《供用电合同》约定用电检查权，将其定位为一种民事权利，突出用电检查服务客户、保障安全的职能；另一方面，应强化用户安全用电的义务，明确违反安全义务的相关法律责任。

《上海市供用电条例》第 20 条规定：供电企业和重要电力用户应当定期对各自所有的供电设施和受电设施进行安全隐患排查。供电企业应当制定重要电力用户安全用电服务制度，根据重要电力用户的等级、行业特性等进行分类服务和指导，定期对重要电力用户的受电设施进行安全检查，电力用户应当予以配合。供电企业进行检查时，工作人员应当出示有效证件。安全检查涉及重要电力用户商业秘密的，供电企业及其工作人员应当保密。供电企业发现重要电力用户存在用电安全隐患的，应当及时告知，指导、督促其整治，并按照规定报市电力运行主管部门和安全生产监督管理部门备案。重要电力用户应当制定处置停电事件应急预案，明确人员职责、处置流程，并每年至少组织一次应急演练。市电力运行主管部门应当组织开展重要电力用户供用电安全的日常监督检查和宣传教育。

将用电检查纳入供用电合同条款。除了《电力供应与使用条例》规定的供用电合同应当具备的条款外，电网企业在制定供用电合同标准文本时，增设专门的用电检查条款，明确用电检查的内容、范围、程序，以及用户配合检查的义务和违约责任，从而将原来的“法定权力”转变成双方之间的“约定权利”，有效解决了用电检查权性质不明的问题。

要求电力企业进行用电检查，是基于电力产品关乎公共安全这一特殊属性，也是出于确保正常供用电秩序和公共安全的需要。但用电检查本身并不是行政执法行为，而是电力企业与用户之间基于法律规定及供用电合同而产生的民事法律行为，其目的是为了保障电力运行安全，用户为了自身用电安全应当配合检查。目前所界定的“用电检查”，是指在电力体制改革之后，电力企业以保障正常的供用电秩序和公共安全为目的，以国家有关安全用电的法律法规以及供用电双方签订的供用电合同及相关协议为依据，对用电企业以及单位、个人的用电设备及电力系统的工作情况进行检查、监督、指导，并帮助用户进行安全、经济、合理用电的行为，这既是权利，也是义务。[1]

三、电力地方立法中供电企业的用电检查权

电力体制改革后，供电企业不再具有行政执法权，而只有

〔1〕 云南省高级人民法院司改办课题组:《“用电检查”与高压电触电人损案件赔偿责任划定的关系》，载《云南电业》2016年第12期，第43页。

用电安全检查权。为了进一步规范电力企业的用电检查行为，各地出台的关于反窃电和供用电的一些地方立法对此作了进一步规定，主要表现在以下几个方面：

1. 对用电检查程序进行了规范。如《湖南省电力设施保护和供用电秩序维护条例》第 35 条第 1 款规定：供电企业查电人员进行用电检查时，不得少于两人，并出示工作证件，检查完后制作用电检查记录。用户应当提供便利。

2. 对在检查过程中发现用户有窃电嫌疑时该如何取证作了规范。如现行《江西省反窃电办法》第 13 条规定：供电企业用电安全检查人员现场检查发现有窃电嫌疑的，应当制止，做好用电安全检查记录，可以采取拍照、摄像、录音、保存窃电装置等方式收集和保留证据，并及时报请电力主管部门依法调查处理。

《贵州省反窃电条例》第 11 条第 1 款规定，供电企业用电检查人员现场检查发现有窃电嫌疑的，可以制止和保护现场，并可以采用录像、摄影、现场封存涉嫌窃电的装置等手段取证。

再如《云南省查处窃电行为条例》第 10 条规定，用电检查人员检查中发现用户涉嫌窃电的，可以采取下列措施：①向有关当事人和证人调查，制作调查笔录；②查阅、复印有关资料；③采用录像、摄影等手段收集窃电的证据；④查封窃电的装置；⑤申请证据保全。

3. 对取得证据后该如何处理作了规范，如有的规定将证据材料移交行政机关，由其行政机关进行处理，此种规定有利于消除供电企业既当运动员又当裁判员可能带来的弊端。如《贵州省反窃电条例》第 11 条第 2 款规定，供电企业用电检查人员现场取证后，应当通过所属供电企业向当地电力行政管理部门报告并移送证据材料，由电力行政管理部门依法调查确认和处理。《福州市预防和查处窃电行为条例》第 9 条规定，供电企业在检查中发现用户有窃电嫌疑的，可以提请电力行政管理部门调查处理或者向公安机关报案。《吉林省反窃电条例》第 12 条规定，任何单位或者个人不得销毁或者转移窃电证据。在窃电的工具、装置等证据可能灭失或者事后难以取得的情况下，供电企业可以对该证据先行登记保存，并向电力行政管理部门备案。

4. 对直接停电与停电争议如何处理作了规定。如《云南省查处窃电行为条例》第 11 条规定，经现场检查确认用户窃电的，供电企业应当予以制止，向其发出《制止窃电通知书》，并可以中止供电；同时应当报请电力行政管理部门依法处理。但是中止供电会导致用户生产设备造成重大损害或者给社会公共利益造成损害的除外。在对窃电者中止供电时，不得影响其他用户正常用电。窃电者按所窃电量补交电费并承担违约责任后，供电企业即应当恢复供电。用户对中止供电有异议的，可以自被中止供电之日起 15 日内向电力行政管理部门投诉；电力行政管理部门应当自接到投诉之日起 7 日内依法处理。

再如《辽宁省反窃电条例》第 13 条规定，用电检查人员经现场检查确认用户有窃电行为的，应当予以制止，在不造成重大损失或者人员伤亡时，可以中止供电。中止窃电用户供电时，不得影响其他用户正常用电。用户对中止供电有异议的，可以向电力管理部门投诉。受理投诉的电力管理部门应当自接到投诉之日起 7 日内依法处理。窃电用户应按约定向供电企业补交电费和违约使用电费。被中止供电的窃电用户在补交电费和违约使用电费后，供电企业应当在 3 日内恢复供电。不能按期恢复供电的，供电企业应当向用户说明原因。

四、电改后用电检查权的定位及立法建议

供用电合同是供电人向用电人供电，用电人支付电费的合同。由于电能属于无形物，必须通过一定的线路进行输送，也必须通过一定的计量装置加以计量。为确保电能准确计量，电网企业对计量装置靠近电网一侧的供电线路、装置进行检查，确保不存在私拉私接；对计量装置进行检查，确保不存在跨接等可能使计量装置不计量或少计量的窃电情形，都属于确保合同正常履行的合理措施。立法不应当也不可能禁止电网企业对处于用户管理范围内的计量装置及计量装置靠近电网一侧的供电线路、装置进行检查。

用户用电检查情况，特别是并网电源、自备电源并网安全状况、供用电合同及有关协议履行的情况等的检查对保障电网安全、维护正常供用电秩序具有重要作用，若法律层面对用电检查支撑力度不够，将造成用电安全隐患排查不彻底，电网及公共安全存在风险。

综上，电力体制改革后，供电企业不再具有行政执法权，而只有用电安全检查权。为了进一步规范电力企业的用电检查行为，有关用电检查的地方立法主要从两个方面作了补充和完善：一是电网经营企业和供电企业用电检查人员现场检查发现有窃电嫌疑的，应当制止，做好用电检查记录，书面告知用户，并可以采取拍照、摄像、录音、保存窃电装置等方式收集和保留证据。二是用户对电网经营企业、供电企业用电检查人员检查发现的窃电嫌疑没有异议的，根据供用电合同约定和国家有关规定，按所窃电量补交电费和违约使用电费；用户有异议的，电网经营企业、供电企业应当报请电力管理部门依法调查处理，用户也可直接向电力管理部门投诉。

第三节　窃电案件中窃电量认定问题

一、《供电营业规则》对窃电量认定的不足

《电力供应与使用条例》第 41 条规定：“违反本条例第 31 条规定，盗窃电能的，由电力管理部门责令停止违法行为，追缴电费并处应交电费 5 倍以下的罚款；构成犯罪的，依法追究刑事责任。”由此可见，窃电量的计算，是用户补交电费，对用户处以罚款以及追究刑事责任的依据，因而具有非常重要的作用。由于电能存在无形的特殊性，在查处窃电时，能够查明的往往只是窃电现场的工具、窃电状态和手段等，无法直接查明窃电人究竟窃了多少电量，对此只能通过一定的方法进行推算。

为此，《供电营业规则》第103条规定，窃电量按下列方法确定：①在供电企业的供电设施上，擅自接线用电的，所窃电量按私接设备额定容量（千伏安视同千瓦）乘以实际使用时间计算确定；②以其他行为窃电的，所窃电量按计费电能表标定电流值（对装有限流器的，按限流器整定电流值）所指的容量（千伏安视同千瓦）乘以实际窃用的时间计算确定。窃电时间无法查明时，窃电日数至少以180天计算，每日窃电时间：电力用户按12小时计算；照明用户按6小时计算。

由此可见，该条创立的窃电量计算规则体系是：

1. 窃电时间能够查明的：擅自接线用电的，所窃电量按私接设备额定容量（千伏安视同千瓦）乘以实际使用时间计算确定；以其他方式窃电的，所窃电量按计费电能表标定的最大额定电流值（对装有限流器的，按限流器整定电流值）所指的容量（千伏安视同千瓦）乘以实际窃电的时间计算确定。

2. 窃电时间无法查明的，窃电日数按180日计算，照明用户的每日窃电时间按6小时计算，其他电力用户的每日窃电时间按12小时计算。

《供电营业规则》第103条规定的认定方法基本符合电能无形性、产供用瞬间同时完成性、使用后不可恢复返还性等物理学特点，有其公正合理性的一面，在司法实践中也起到了一定的指导作用。但是其缺陷也很明显：一是当盗窃电能时间日数无法查明时至少以180天计算的推定没有物理学、法律学依据，属主观推定，受到了普遍质疑。二是计算方法显得单一，不能包含所有盗窃电能行为方式。不同的盗窃电能行为方式应有不同的数额计算认定方法。三是认定方法不完全准确。[1]

在电力体制改革之前，认定用户窃电与否及窃电电量等技术问题都是由电力部门负责，由于当时的电力部门属于政府机构，其认定结果具有一定的权威性。但是政企分开后，其认定结果的权威性就受到了用户的质疑。同时，窃电数量和窃电金额一般是按照《供电营业规则》的规定计算。《供电营业规则》是一部政府部门规章，作为依法起诉的依据太不充分，尤其是在追究刑事责任时，司法机关采用"疑罪从无"法律原则，而作为定罪量刑情节关键证据不充分，难以认定"盗窃罪"，往往导致案件很难进入诉讼程序，甚至连应该补交的窃电量和违约使用电费都无法取得，窃电分子得不到应有的法律制裁。[2]

二、电力地方立法关于窃电量计算的探索

关于窃电量的计算需要解决的问题有：①窃电量的计算公式；②窃电方法与窃电量计算规则；③能够查明窃电时间的，窃电量计算规则；④在窃电时间能够查明的情况下，采用不同的窃电方法窃电的，其窃电量的计算规则；⑤窃电时间无法查明的，窃电量计算规则；⑥在窃电时间无法查明的情况下，不同性质的用户的窃电量的计算规则。其中，窃电时间无法查明

〔1〕 张惠芳:《盗窃电能犯罪数额认定的思考》，载《湖南师范大学社会科学学报》2008 年第 4 期，第 68 页。

〔2〕 韩海斌:《查处窃电行为的若干法律问题》，载《大众用电》2006 年第 6 期，第 8 页。

时窃电量如何计算问题是最大的难题。

地方最早就窃电问题进行立法的是江西省。其于 1999 年制定的《江西省反窃电办法》第 20 条规定，窃电量按下列方法确定：①在供电企业的供电设施上，擅自接线用电的，所窃电量按私接设备额定容量（千伏安视同千瓦）乘以实际使用时间计算确定；②以其他方式窃电的，所窃电量按计费电能表标定的最大额定电流值（对装有限流器的，按限流器整定电流值）所指的容量（千伏安视同千瓦）乘以实际窃电的时间计算确定。窃电时间无法查明的，窃电日数按 180 日计算，照明用户的每日窃电时间按 6 小时计算，其他电力用户的每日窃电时间按 12 小时计算。

将 1999 年制定的《江西省反窃电办法》与《供电营业规则》一对比就可以发现，除个别表述有区别，如将“标定电流值”改为“标定的最大额定电流值”，“方式”改为“行为”外，前者基本照搬后者，自然而然，对《供电营业规则》存在的问题也就一并照搬了过来。

《江西省反窃电办法》	《供电营业规则》
(1) 在供电企业的供电设施上，擅自接线用电的，所窃电量按私接设备额定容量（千伏安视同千瓦）乘以实际使用时间计算确定。	(1) 在供电企业的供电设施上，擅自接线用电的，所窃电量按私接设备额定容量（千伏安视同千瓦）乘以实际使用时间计算确定。

续表

《江西省反窃电办法》	《供电营业规则》
（2）以其他**方式**窃电的，所窃电量按计费电能表标定的最大**额定**电流值（对装有限流器的，按限流器整定电流值）所指的容量（千伏安视同千瓦）乘以实际窃电的时间计算确定。	（2）以其他**行为**窃电的，所窃电量按计费电能表标定电流值（对装有限流器的，按限流器整定电流值）所指的容量（千伏安视同千瓦）乘以实际窃用的时间计算确定。
窃电时间无法查明的，窃电日数按180日计算，照明用户的每日窃电时间按6小时计算，其他电力用户的每日窃电时间按12小时计算。	窃电时间无法查明时，窃电日数至少以180天计算，每日窃电时间：电力用户按12小时计算；照明用户按6小时计算。

随后的地方立法基本上都是在肯定《供电营业规则》设定的三种方法之外，增加了某些计算方法。如《四川省反窃电管理办法》第18条规定了，窃电量按下列方法确定：①在供电企业的供电设施上，擅自接线用电的，所窃电量按私接设备额定容量（千伏安视同千瓦）乘以实际使用时间计算确定；②以其他方式窃电的，所窃电量按计费电能表标定的最大额定电流值（对装有限流器的，按限流器整定电流值）所指的容量（千伏安视同千瓦）乘以实际使用时间计算确定；③以有关部门提供的合法书证材料记载的电量确定。窃电时间无法查明的，窃电日数以180日计算。每日窃电时间，电力用户按12小时计算，照明用户按6小时计算。

《四川省反窃电管理办法》虽然新增了一种方式，即以有关部门提供的合法书证材料记载的电量确定窃电量的规则，但该方式的可操作性显然不是很强。

在该问题上有重大突破的应当是2000年制定的《云南省查处窃电行为条例》，其第6条规定了，窃电时间能够查明的，窃电量按照下列方法确定：①擅自在供用电设施上接线用电的，按照所接设备的额定容量乘以窃电时间计算；②以其他方式窃电的，按照计费电能表的最大额定电流值所对应的容量乘以窃电时间计算。在高电压上窃电的，计算窃电量还应当乘以相应的倍率。第7条规定了，窃电时间难以查明的，窃电量按照下列方法确定：①按照同类产品平均用电的单耗与窃电用户生产的产品产量相乘，加上其他辅助用电量，再减去抄见电量；②在总表上窃电的，按照各分表电量之和减去总表抄见电量的差额计算；③按照该用户正常月份的用电量减去窃电后的抄见电量。按照前款规定仍不能确定的，窃电时间至少按180日计算，但最多不超过365日；生产经营用户每日至少按12小时计算，其他用户每日按6小时计算。

其突破之处在于：一是在遵循《供电营业规则》所创设的窃电时间能查明和不能查明之类型化基础上，将其分为两条分别加以规定。二是在窃电时间能够查明的情形中，增加了在高电压上窃电的，计算窃电量还应当乘以相应的倍率这一情形。三是对窃电时间不能查明时如何计算窃电量的情形进行了具体化，并且很公平。将《供电营业规则》规定的窃电时间不能查明时的计算方法作为兜底条款。

此后各地的地方立法连续不断地根据各地的情形增添具体计算规则。如《辽宁省反窃电条例》第 17 条增加了以下情形：①在其他单位、个人的供电、用电设施上，擅自接线用电的，所窃电量按私接设备额定容量（千伏安视同千瓦）乘以实际使用时间计算确定；②窃电致使电能计量装置损坏的，按现场所测实际电流计算确定这种情形。〔1〕

《贵州省反窃电条例》第 15 条增加了通过互感器窃电计算窃电量时应当乘以相应的互感器倍率计算的规定。〔2〕

《甘肃省供用电条例》第 32 条增加了窃电时间无法查明三

---

〔1〕《辽宁省反窃电条例》第 17 条规定的窃电量按照下列方法确定：

（1）在供电企业或者其他单位、个人的供电、用电设施上，擅自接线用电的，所窃电量按私接设备额定容量（千伏安视同千瓦）乘以实际使用时间计算确定。

（2）窃电致使电能计量装置损坏的，按现场所测实际电流计算确定。

（3）以其他行为窃电的，所窃电量按计费电能表标定电流值（对装有限流器的，按限流器整定电流值）所指的容量（千伏安视同千瓦）乘以实际窃用时间计算确定。

第 18 条规定：窃电时间按照查明的窃电天数和窃电小时计算。窃电时间无法查明的，窃电天数至少以 180 天计算。照明用户的窃电时间按照每日 6 小时计算；其他电力用户的窃电时间按照每日 12 小时计算。

〔2〕《贵州省反窃电条例》第 15 条规定：窃电时间能够查明的，窃电量按下列方法确定：

（1）擅自在供电企业的供电设施上接线用电的，按照私接设备的额定容量（千伏安视同千瓦）乘以实际使用时间计算。

（2）以其他方式窃电的，按计费电能表标定电流值（对装有限流器的，按限流器整定电流值）所批的容量（千伏安视同千瓦）乘以窃电时间计算，但要减掉已交结算电费的电量。

通过互感器窃电的，计算窃电量时还应当乘以相应的互感器倍率计算。

窃电时间不能查明的，窃电量按照国家有关规定确定。

班动力制企业按24小时计算的窃电量计算规则。[1]

《青海省供用电条例》第43条增加了安装负荷监控装置等用电管理终端设备的，可以按照负荷监控装置等设备记录的负荷曲线计算的规定。[2]

---

〔1〕《甘肃省供用电条例》第32条规定窃电量按下列方法计算确定：

第一，以本条例第31条第1项所列方法窃电的，按照所接设备的额定容量乘以实际窃电时间计算确定。

第二，以本条例第31条第2项至第9项所列方法窃电的，可以根据情况，采用以下方法计算确定：

（1）按照同属性单位正常用电量或者同类产品平均用电的单耗乘以窃电者的产品产量，加其他辅助用电量，再减去用电计量装置的抄见电量计算确定。

（2）按照窃电后用电计量装置的抄见电量与窃电前正常的月平均用电量的差额，并根据实际用电变化确定；窃电前正常用电超过6个月的，按6个月计算月平均用电量；窃电前正常用电不足6个月的，按实际正常用电时间计算月平均用电量。

（3）采用上述方法难以计算窃电量的，按照用电计量装置标定电流值（对装有限流器的，按限流器整定电流值）所指的容量，乘以实际窃电时间计算确定；通过互感器窃电的，计算窃电量时还应当乘以相应的互感器倍率。

实际窃电时间无法查明时，窃电日数最多按180天计算；每日窃电时间，居民照明用电按6小时计算，三班动力制企业按24小时计算，其他用户按12小时计算。

窃电金额按照窃电量乘以省价格行政管理部门核定的目录电价计算。

〔2〕《青海省供用电条例》第43条规定对窃电时间难以查明的，窃电量按照以下方法计算确定：

（1）按照窃电前正常月份用电量与窃电后抄见电量的差额计算。

（2）在总表上窃电的，按照各分表电量之和减去总表抄见电量的差额计算。

（3）按照同类产品平均用电的单耗乘以窃电电力用户生产的产品产量，加上其他辅助用电量，再减去抄见电量计算。

（4）安装负荷监控装置等用电管理终端设备的，可以按照负荷监控装置等设备记录的负荷曲线计算。

《青海省供用电条例》第44条规定了按照该条例第43条规定仍不能确定窃电时间及窃电量的，可以按照下列时间计算窃电量：

（1）生产经营电力用户窃电天数至少按照180日最多不超过240日计算，每日窃电时间按照12小时计算。

（2）其他电力用户窃电天数至少按照180日最多不超过240日计算，每日窃电时间按照6小时计算。

此后的地方立法基本上都是大同小异。如《天津市供电用电条例》第 42 条规定了，非法用电的电量按照下列方法计算：①在供电设施上擅自接线用电的，按照所接设备额定容量乘以实际使用时间；②以其他方式非法用电的，按照计量电能表的最大额定电流值所指的容量或者变压器额定容量乘以实际使用时间。第 43 条规定了，非法用电时间不能确定的，非法用电的电量按照下列方法确定：①能查明产量的，按照同类产品平均耗电量乘以产品产量，加上其他辅助用电量抄见电量对比的差额计算；②在总表上非法接线用电的，按照总表抄见电量与分表电量及正常损耗之和的差额计算；③装有高压组合计量装置并正常计量的，按照抄见电量与高压组合计量装置考核表记录电量的差额计算；④装有负荷监控装置并正常计量的，按照抄见电量与负荷监控装置的记录电量的差额计算。不能按照前款规定确定非法用电电量的，按照非法用电设备容量乘以 180 日，每日按照 12 小时计算。

再如 2012 年修订的《江西省反窃电办法》第 23 条规定了，窃电量按下列方法计算确定：①在供电企业的供电设施上，擅自接线用电的，所窃电量按私接设备额定容量（千伏安视同千瓦）乘以实际使用时间计算确定；②窃电期间产品产量能查明的，按同属性单位正常用电的单耗和产品产量相乘计算用电量，再加上其他辅助用电量后与抄见电量的差额计算确定；③在总表上窃电，分表能够准确计量，且窃电期间计量数据能够查明的，按分表电量总和与总表抄见电量的差额计算确定；④能够查明正常月份用电量及实际用电变化情况的，按正常月份用电量与窃电期间抄见电量的差额，并根据实际用电变化计算确定；⑤使用非法用电充值卡或者非法使用用电充值卡占用电能，计费电能表正常的，按现场抄见电量与供电企业最后记录的结算电量的差额计算；⑥以其他方式窃电的，所窃电量按计费电能表标定的最大额定电流值（对装有限流器的，按限流器整定电流值）所指的容量（千伏安视同千瓦）乘以实际窃电的时间计算确定。窃电时间无法查明的，窃电日数以 180 日计算。每日窃电时间：居民电力用户按 6 小时计算；其他电力用户按 12 小时计算。对于用电时间不足 180 日的，按自开始供电起的实际日数计算。

确定窃电量的最终目的是为了计算窃电金额，以便追究窃电人的法律责任。对于窃电金额如何计算，也有不少地方立法作了明确规定。地方立法对此问题的规定可以分为两大类：一类是规定窃电金额原则上按照窃电量乘以电价计算，只不过在“电价”的表述上各不一样。如《黑龙江省反窃电条例》第 16 条规定：窃电金额按照窃电量和国家规定的电价确定。但其后规定的计算公式却为：窃电量=窃电日数×日窃电时间×窃电设备容量，窃电金额=窃电量×国家规定的电价+国家规定的其他应收费用，二者明显不一致。《陕西省电力设施和电能保护条例》第 26 条规定窃电金额按照窃电量乘以窃电时的销售目录电价计算。该条采用的是“销售目录电价”概念。《安徽省电力设施和电能保护条例》第 31 条规定了窃电金额按照价格行政主管部门核定的电价乘以窃电量计算。采用的是“价格行政主管部门核定的电价”概念。《湖北省预防和查处窃电行为条例》第22条规定了窃电金额按照窃电量乘以当地当时的目录电价计算。采用的是“当地当时的目录电价”这一概念。

另一类是对特殊情况下如何计算窃电金额的规定。如窃电后转售的，《陕西省电力设施和电能保护条例》第26条第2款规定了窃电后转售的，转售电价高于销售目录电价的，按照转售的价格计算；转售电价低于销售目录电价的，按照销售目录电价计算。

执行分时电价的，如《安徽省电力设施和电能保护条例》第31条第2款规定了执行分时电价的，窃电时间段无法查明时，居民用户按照平段的电价标准计算，其他用户按照高峰时段的电价标准计算。《湖北省预防和查处窃电行为条例》第22条第2款规定了窃取分时段电价的，按照销售目录电价的平段价格计算；窃电后转售电价高于销售目录电价的，按照转售的价格计算；转售电价低于销售目录电价的，按照销售目录电价计算。

三、完善窃电数额认定的科学性、有效性

在对盗窃电能案件中盗窃数额的推定中，《供电营业规则》第103条中（包括相关地方性法规的类似规定）规定了窃电时间和窃电时负荷容量这两个基础事实，然后根据电能数量的计算公式（公理）计算窃电人的窃电数额。按照这种计算方式，

只要负荷容量相同，根据推定的窃电时间，必然导致窃电数额相同。稍具一定电力常识的人都知道，不同的电力用户其用电负荷曲线并不会相同，不同的电力用户其用电时间也不同。这个基本常识同样适用盗窃电能案件。故规章中规定的窃电时间和窃电时容量的基础事实存在着极大的不真实性。司法实践中关于窃电时间的推定系一不合法推定：在关于窃电时间的推定中，我们却看不到基础事实（窃电行为）与推定事实（窃电时间）这两者之间的合理关联性。〔1〕

《供电营业规则》系部门规章，在效力层级上只能作为行政处罚的依据，不能作为刑事诉讼中的定案依据。部分省市出台了打击窃电的地方法规，对窃电量的计算方式进行了规定。尽管依据《立法法》关于法的效力层次的规定，其法律效力高于属于部门规章的《供电营业规则》，但因为窃电案件涉及犯罪和刑罚，《供电营业规则》及地方反窃电法规均不能作为追究窃电者刑事责任的法律适用依据。针对窃电案件中的刑事司法问题，如窃电时间不明，如何确定窃电量等问题，应当由国家立法或者由司法解释来解决更为妥当。〔2〕

随着社会治安形势的发展变化，盗窃犯罪案件审理中不断出现一些新的情况和问题，2011 年《中华人民共和国刑法修正案（八）》也对盗窃罪做出重大修改。为指导和规范司法实践，

---

〔1〕 万毅：《相关规定中窃电时间推定的合法性质疑》，载《检察日报》2011 年 8 月 10 日，第 3 版。

〔2〕 王书生：《窃电查处有新规——解读〈关于办理盗窃刑事案件适用法律若干问题的解释〉》，载《农电管理》2013 年第 10 期，第 52 页。

最高人民法院、最高人民检察院《关于办理盗窃刑事案件适用法律若干问题的解释》自2013年4月4日起施行，在窃电数额的推算认定、多次盗窃的适用以及单位盗窃的处罚上做了新的规定，更具有法律适用性。

该司法解释关于盗窃数额的认定方法中首次规定了以“推算”的方法来认定有些难以确定盗窃数额的情形。该司法解释第4条第3项规定了窃电数量能够查实的，按照查实的数量计算盗窃数额；盗窃数量无法查实的，以盗窃前6个月月均正常用量减去盗窃后计量仪表显示的月均用量推算盗窃数额；盗窃前正常使用不足6个月的，按照正常使用期间的月均用量减去盗窃后计量仪表显示的月均用量推算盗窃数额。

因此，电力企业对窃电案件的证据举证要严谨、确凿、经得起推敲。同样的规章条例，不能仅从有利的方面进行计算举证。对于窃电案件的盗窃价值如何认定，要严格按照有关的规定进行，要经得起推敲。供电企业应当配合公安、检察机关收集并提供有关盗窃电力的起止时间、盗窃金额的相关证据，例如线损分析表、电量变化记录、电量损失分别记录、电能计量检定报告等，争取能够查实盗窃电力的时间、金额数量等。

实践中盗窃电能犯罪数额的认定方法基本有7种：①窃电设备额定容量最大需力法；②计量表计额定容量最大出力法；③总表减分表与损耗法；④单位产品耗电量法；⑤容差价差法；⑥合理推定法；⑦鉴定法。

可以说，上述几种方法在司法公平方面体现了客观真实，可信度高，没有加重窃电行为人的责任，而且如此确定窃电量，实际上也是对《供电营业规则》有关规定的补充和完善，无论对供电企业，还是对窃电用户都是公平的，也都是可以接受的。

在盗窃电能案件中，对盗窃电能数额的计算认定要以证据证实的客观真实情况为准则。审理盗窃电能案件是通过证据恢复案件客观真实的过程，因而越能反映客观真实的盗窃电能数额的计算认定方法，就越应采用。客观真实原则要求证明盗窃电能数额的证据确凿充分；要求以盗窃电能实际窃取的数额为准，不包括间接损失；需要推定才能确定电能数额的，客观真实原则要求保证事实推定中基础事实的客观真实性和基础事实与推定事实之间的高度盖然性，排除合理怀疑。〔1〕

第四节 窃电量确定之理论探讨：类型化确定

大部分窃电方式的窃电量取决于两个因素：窃电时长和负荷容量。其中负荷容量比较好确定，不好确定的是窃电时长。实践中，能够查明窃电时长的很少，大部分都不能查明窃电时长。如何确定窃电时长不能查明时的窃电量是法律需要规范的重点，因为需要平衡保护供电企业和用户的利益。不同的法律规范对此规定着不同的计算方法。

〔1〕 张惠芳：《盗窃电能犯罪数额认定的思考》，载《湖南师范大学社会科学学报》2008年第4期，第68~69页。

一、现行窃电量计算方法之缺陷

《供电营业规则》第 103 条规定："窃电时间无法查明时，窃电日数至少以 180 天计算，每日窃电时间：电力用户按 12 小时计算；照明用户按 6 小时计算。"

该规则中"窃电时间"属于措辞不准确。时间可以是一个点，也可以是一天或月，抑或年。此处实际上指的是"时长"。同时这种确定窃电时长的方法容易导致不公平。对申请用电尚不足 180 日的用户而言，其实际窃电量肯定小于计算出来的窃电量，但由于没有规定用户可以反证，显然对用户不公平。对窃电超过 180 日的用户，实际窃电量显然大于计算出来的窃电量，对供电公司不公平。电力用户计算每日的窃电时间为 12 小时，但该企业若每天实行三班倒生产，窃电时间应是 24 小时，而不是 12 小时。计算出来的窃电量也会小于实际窃电量，对供电公司也不公平。

为克服上述方法的缺陷，最高人民法院、最高人民检察院《关于办理盗窃刑事案件适用法律若干问题的解释》第 4 条第 3 款规定了，盗窃的数额，按照下列方法认定：盗窃电力、燃气、自来水等财物，盗窃数量能够查实的，按照查实的数量计算盗窃数额；盗窃数量无法查实的，以盗窃前 6 个月月均正常用量减去盗窃后计量仪表显示的月均用量推算盗窃数额；盗窃前正常使用不足 6 个月的，按照正常使用期间的月均用量减去盗窃后计量仪表显示的月均用量推算盗窃数额。对于盗窃数量无法查实的窃电，该司法解释通过前后两个平均值的差额来计算。

上述司法解释中的方法看起来似乎摆脱了对窃电时长的依赖，比《供电营业规则》的计算方法要公平，实际上仍存在严重不足之处：一是若该电力用户或照明用户从用电开始就一直窃电，则没有可以用来比较的正常用电月份。二是对于用电量无季节性变化的企业，其每个月的用电量会均匀分布，用这种方法可以准确地计算出电网企业电量的损失。而对于一些用电量有明显季节性或月份性差异的企业，即存在用电量的淡季和旺季，如某企业前半年为生产淡季，用电量较小，后半年为生产旺季，用电量较大；而此企业是在旺季偷电，若按上述规定推算窃电量，只能参照淡季用电量的平均值来计算，所得的窃电量很大程度上会远远小于实际的窃电量，这样将会对电网企业造成重大的经济损失。三是“盗窃前 6 个月月均正常用量”难以确定。比如供电企业在某年 3 月发现用户窃电，是不是意味着该年 2 月及以前该用户的用电量就属于正常用电量？显然不是。四是举证难度极大，容易导致公诉机关举证不能，放纵犯罪。

二、以窃电时长为依据的类型化

由于窃电的方式多种多样，用户种类多种多样，因此对于窃电量的认定也应当采取多元化的认定方式。不少地方电力立法在这方面作了有益探索。如《吉林省反窃电条例》第 27 条根据是否安装分时计费系统，分为安装了分时计费系统的用户和没有安装分时计费系统的用户。对于安装了分时计费系统的用户，再分为能查明窃电时段的和不能查明窃电时段的。不过，各地采取的分类标准并不统一，有些分类值得商榷，如根据是否安装分时计费系统进行的分类。此外，对于不能查明窃电时长的，地方立法适用的仍是《供电营业规则》第103条中的规定。因而，《供电营业规则》第103条中存在的问题继续被带入了地方电力立法中。

鉴于窃电方式多种多样，首先要区分确定窃电量是否需要依赖窃电时长。有的需要依赖窃电时长来确定窃电量，如在供电企业的供电设施上直接接线用电的。有的不需要，如使用非法用电充值卡窃电的。对于那些需要依赖窃电时长来确定窃电量的窃电行为，需进一步将其分为窃电时长能确定和不能确定两种情况，然后再根据不同的方法确定窃电量。其中，窃电时长确定的，相对比较好确定窃电量。难点在于窃电时长不能确定的，如何确定其窃电时长。

窃电时长可以分为两个层次：窃电月数和每天窃电时数。对于窃电月数，为尽可能保证窃电时长的精准，对于抄表用电户，我们建议可以按抄表周期确定窃电时间。如果抄表周期是一个月，用户用电量发生显著变化，应该在一个月后就能发现。如果是两个月抄一次表，就应该在两个月后能发现。那么，用户的窃电时长就应该是一个月或两个月，依此类推。用户不同月份的用电量发生变化，也有可能是由于生产不正常导致，但这属于在认定窃电时需要考虑的因素。一旦认定为窃电，就也可按照抄表周期确定窃电时长。

对于每日窃电时间，建议进一步细化。用电可分为生产经营用电和生活用电。对于生产经营用电，由于有的单位实行24小时工作制，如医院、车站；有的不是，如学校。对于生产经营用电，实行24小时工作制的，按每日24小时计算窃电时长；其他生产经营用电每日按12小时计算。生活用电每日按6小时计算。

应允许用户对推定的窃电量进行反驳。由于推定的窃电量可能会与现实不符，供电企业在采用推定方法时，应当赋予用户反驳的权利，即保护用户提出相反证据证明实际的窃电日数和窃电小时数不同于推定情形的权利，此时电网企业应对用户提出的证据进行甄别和反驳，以增加推定的精确性，以保障电网的合法利益。

基于此，我们认为窃电量的计算首先需要根据窃电方式，分为需要依赖窃电时长和不需要依赖窃电时长。需要依赖窃电时长的再分为能确定窃电时长的和不能确定窃电时长的。具体建议如下：

1. 不需要依赖窃电时长的，窃电量可以按下列方法确定：

（1）使用非法用电充值卡或者非法使用用电充值卡占用电能，计费电能表正常的，按现场抄见电量与供电企业最后记录的结算电量的差额计算。

（2）在总表上窃电，分表能够准确计量，且窃电期间计量数据能够查明的，按分表电量总和与总表抄见电量的差额计算确定。

2. 能确定具体窃电时长的，窃电量可以按下列方法确定：

（1）在供电企业的供电设施上，擅自接线用电的，按私接设备额定容量（千伏安视同千瓦）乘以实际窃电时长计算确定。

（2）以其他方式窃电的，按计费电能表标定的最大额定电流值（对装有限流器的，按限流器整定电流值）所指的容量（千伏安视同千瓦）乘以实际窃电的时间计算确定。

（3）窃电期间产品产量能查明的，按同属性单位正常用电的单耗和产品产量相乘计算用电量，再加上照明等其他辅助用电量后与抄见电量的差额计算确定。

（4）能够查明正常月份用电量及实际用电变化情况的，按正常月份用电量与窃电期间抄见电量的差额，并根据实际用电变化期间计算确定。

3. 窃电时长无法查明的，按用户负荷容量乘以法定窃电时间计算。窃电日数按抄表周期计算。实行 24 小时工作制的单位用电时间每日按照 24 小时计算，其他单位用电每日按照 12 小时计算。生活用电每日按 6 小时计算。但窃电人有相反证据足以推翻的除外。

一旦确定了窃电量，窃电金额就按照窃电量乘以窃电时的销售目录电价计算。窃取的电量实行分时段电价的，按照销售目录电价的平段价格计算。窃取的电量实行阶梯电价的，按照销售目录阶梯电价的最低阶价格计算。

第九章 电力设施和电能保护行政执法

第一节 电力行政执法的含义

电力行政执法是指电力行政执法主体按照法律法规的规定，对相对人采取的具体直接影响其权利、义务，或者对相对人的权利、义务的行使和履行情况直接进行监督检查的行为，是保证电力相关法律、法规实施的直接性、管理性的行为。

按照行政执法行为对相对人权利、义务所引起的直接效果，电力行政执法主要包括以下内容：

1. 电力行政处理。行政处理是指行政主体为实现相应法律、法规、规章所确定的行政管理目标和任务，而依行政相对人申请或者依职权依法处理涉及特定相对人某种权利义务事项的具体行政行为。[1] 故电力行政处理是指电力行政执法主体为实现行政管理目标和任务而依行政相对人申请或依职权处理相对人

〔1〕 姜明安：《行政法与行政诉讼法》（第3版），北京大学出版社、高等教育出版社2007年版，第251页。

特定事项的具体行政行为。

2. 电力行政处罚。电力行政处罚是指电力行政执法主体对违反电力法律、法规等行政管理秩序但尚未构成犯罪的公民、法人或其他组织给予行政制裁的具体行政行为。行政处罚的形式主要有没收、吊销证照、拘留、罚款、责令停业、限期完成等。

3. 电力行政检查。电力行政检查是指电力行政执法主体对电力行政事务实行管理和监督的措施之一，其表现为对行政相对人权利的某种临时性限制。实施电力行政检查可以通过实地、书面以及特别检查方式进行。

4. 电力行政处置。通常行政处置形式有封存、扣留两种。电力行政处置一般发生在紧急情形下，不采取行政处置将有可能导致危害后果发生，但这种处置并不是对相对人权利、义务的最终处分，而只是一种临时性约束或限制，并体现了电力行政执法主体的单方强制性。

第二节　电力设施和电能保护行政执法主体

从电力业务来看，其所涉及的电力建设、电力设施和电能保护、市场竞争都存在行政管理问题。行政管理主体、管理职责和相对人明确是进行行政管理的前提条件。如对电力市场竞争的管理，2005 年 5 月 1 日起施行的《电力监管条例》第 4 条规定：“国务院电力监管机构依照本条例和国务院有关规定，履行电力监管和行政执法职能；国务院有关部门依照有关法律、行政法规和国务院有关规定，履行相关的监管职能和行政执法职能。”根据《电力监管条例》第三章的规定，行政监督和执法对象是电力企业、电力调度机构，职责是对发电企业、输电企业、电力调度交易机构等有无违反相关法律、法规的行为进行监督和行政执法。国家能源局作为监督主体，对上述事项享有行政执法职能。

从行政法律关系主体的角度来看，电力建设项目的审批涉及的是行政主体和电力企业，电力安全、电能质量和供电服务质量涉及的也是行政主体和电力企业，也就是说，在这两类行政管理关系中，电力企业本身就是行政相对人，只要自己遵守相应的法律法规，就不存在行政执法问题。唯有电力设施和电能行政保护涉及的是行政主体和社会上的第三人，但损害的却是电力企业的利益。三方主体之间存在比较复杂的法律问题，有执法权的行政部门因损害的不是自己的利益，没有执法动力，再加上缺乏执法的技术力量，可能不愿意进行行政执法。利益被损害的电力企业有技术力量和动力，但却没有执法权。如何破解这个问题，就成了很多地方电力立法必须面对的问题。

按照职权法定的行政法原理，对于电力设施和电能保护需要明确具体的行政主管部门。对此，很多地方立法都将此项职权赋予“电力行政管理部门”“电力管理部门”“电力行政主管部门”。《云南省电力设施保护条例》第 8 条规定，电力行政主管部门在电力设施保护工作中的主要职责是：①宣传、贯彻电力设施保护法律、法规、规章；②依法履行对电力设施保护的管理职责，监督电力设施产权人设立电力设施保护标志，依法公告电力设施保护区；③依法对危害电力设施的行为实施行政处罚；④组织认定电力设施的产权分界点，并加以标注和公告；⑤配合当地公安机关，做好本行政区域内电力设施的安全保卫工作；⑥会同有关部门建立群众护线组织；⑦监督电力设施的电力技术、防雷接地的检测和鉴定工作。

“电力管理部门”一词源于 1996 年 4 月 1 日起施行的《电力法》。该法第 6 条规定，国务院电力管理部门负责全国电力事业的监督管理。国务院有关部门在各自的职责范围内负责电力事业的监督管理。县级以上地方人民政府经济综合主管部门是本行政区域内电力管理部门，负责电力事业的监督管理。县级以上地方人民政府有关部门在各自的职责范围内负责电力事业的监督管理。1998 年 1 月 7 日修正的《电力设施保护条例》第 5 条也规定，国务院电力管理部门对电力设施的保护负责监督、检查、指导和协调。第 6 条规定，县以上地方各级电力管理部门保护电力设施的职责是：①监督、检查本条例及根据本条例制定的规章的贯彻执行；②开展保护电力设施的宣传教育工作；③会同有关部门及沿电力线路各单位，建立群众护线组织并健全责任制；④会同当地公安部门，负责所辖地区电力设施的安全保卫工作。此后诸如北京、天津、青海、山东、四川、新疆等地都纷纷出台了有关电力设施和电能保护及反窃电方面的地方性法规和政府规章，但在行政执法主体方面，无一例外地沿袭了上位法《电力法》《电力设施保护条例》的相关规定，即明确了由各省（直辖市、自治区）的电力管理部门作为相应的行政执法主体。如《浙江省电力设施保护办法》第 26 条中规定，对危及电力设施，经制止无效或者限期内不改正的，由电力主管部门处 1000 元以下的罚款；情节严重的，可以处 1000 元以上 5000 元以下的罚款。

随着电力体制更改的不断推进，“电力管理部门”逐渐成了一个模糊概念，生活中也找不到一个以此命名的行政部门。电力管理的职能实际上被分解到了不同的行政部门。为此，有的地方立法对此予以了明确规定，如《海南省电力建设与保护条例》第 3 条第 2 款规定，县级以上人民政府发展和改革主管部门负责本行政区域内的电力规划和建设管理工作；工业和信息化主管部门负责本行政区域内的电力运行和保护管理工作。能源监管机构对本行政区域内的电力安全、电能质量和供电服务质量实施监管。第 4 款规定，县级以上人民政府海洋与渔业主管部门根据规定的权限，负责本行政区域毗邻海域海底电缆建设的监督管理和保护工作。《山东省电力设施和电能保护条例》第 6 条规定，省、设区的市的经济和信息化行政主管部门和县（市、区）人民政府确定的部门（统称电力行政管理部门），负责本行政区域内电力设施和电能保护的监督管理工作。沿海县级以上人民政府海洋与渔业行政主管部门负责海底电缆的保护工作。发展改革、公安、规划、住房城乡建设、国土资源、交通运输、水利、林业、工商行政管理、安全生产监督、价格等部门和电力监管机构按照各自职责，做好电力设施和电能保护的相关工作。

第三节　电力设施和电能保护行政执法主体的变革

《电力法》实施后不久，国务院根据建立社会主义市场经济体制和《中华人民共和国国民经济和社会发展“九五”计划和2010年远景目标纲要》的要求，为有利于转变政府职能、实行政企职责分开、深化电力工业体制改革，发布了《关于组建国家电力公司的通知》(国发〔1996〕48号)，决定组建国家电力公司。按照这一决定，新成立的国家电力公司负责原电力工业部管理的国有资产经营管理，不再具有行政管理职能，国家经贸委作为电力行政管理部门负责电力行业的行政管理与监督。国家经济贸易委员会于2000年6月2日发布了《关于调整电力行政管理职能有关问题的意见》要求：①各省（区、市）要按照国务院关于“地方各级政府均不设立电力专业管理部门”的要求，将分散在各专业管理部门、行政性公司等单位的政府管电职能，划入经济贸易委员会，实行政企分开。②原电力工业部直属的北京等27个省（区、市）电力工业局，要在其所承担的电力行政管理职能移交给所在省（区、市）经济贸易委员会后撤销。具体撤销事宜，由国家经济贸易委员会会同有关省（区、市）人民政府和国家电力公司办理。③原电力工业部派出的电力工业部华北、东北、华东、华中、西北电业管理局，要在所辖区域内省级电力工业局撤销后撤销。其原承担的跨省（区、市）资源配置、规划等行政职能由国家经济贸易委员会承担。具体撤销事宜，由国家经济贸易委员会会同国家电力公司办理。由此，改制后的电力行政执法职能完全由政府经济贸易委员会承担。2003 年，国家经济贸易委员会被撤销，相应的电力行政管理职能在中央层面移交给国家宏观经济管理部门，即国家发展和改革委员会。在随后的几次政府机构改革中，政府经济综合管理部门处于不断变化之中。根据第十一届全国人民代表大会第一次会议批准的国务院机构改革方案和《国务院关于机构设置的通知》（国发〔2008〕11 号，现已失效），设立工业和信息化部，为国务院组成部门。〔1〕大部分省都将电力行政管理职能归属于经济和信息化委员会，如辽宁省、湖南省、湖北省、安徽省等。有的归属于发展和改革委员会，如广东省、北京市等。相对应的，更低级的地市和县的电力行政管理职能也随之确定。就北京市而言，承担电力行政管理职能的是北京市发展和改革委员会。该委员会下设了电力管理处，职能包括：组织拟定本市电力行业发展规划、行业规范和技术标准；研究提出电力需求侧管理等方面的政策措施并组织实施；负责电力行业管理和监督工作；协调解决电力行业的有关重大问题；安排电力基础设施建设项目；依法对本市电力行业的规范、技术标准及已批准的行政许可事项依法承担相应的监督管理责任；

〔1〕实践中，省一级与工业和信息化部相对应的部门名称并不一致，有的叫经济和信息化委员会，如上海市；有的叫工业和信息化厅，如湖南省；有的叫经济和信息化厅，如浙江；有的叫经济和信息化局，如北京。

承担电力建设协调的有关工作；承担北京市电力事故应急指挥部办公室工作。

第四节　电力设施和电能保护行政执法模式的探讨

自从国家启动电力体制改革，将“政企合一”改为“政企分立”以来，电力行政执法便陷入了困境，迟至今日仍未解决。问题主要在于电力企业不再具有行政执法权，具有行政执法权的政府综合经济管理部门由于受编制、技术、经费等限制，实际上较难全面履行电力行政执法监督职能，使电力行政执法职能基本上处于缺位状态。如何解决电力行政执法的困境，实务界和理论界都在探索。

从目前的理论研究和实践探索来看，提出的电力执法模式大致有以下四种：

第一，联合执法，即电力管理部门、电网经营企业、公安机关通过联合的方式进行电力行政执法。联合执法由于将电力管理部门的行政职权、电网经营企业的技术力量和公安机关行政拘留权合并在一起，确实有效地解决了单个主体在电力行政执法中会面临的一些问题，如执法力量不够、执法权限不够等。但是这种模式存在的问题也是显而易见的：一是三家“联合”没有法律依据。二是电网经营企业参与执法没有法律依据。行政机关与企业这种非公权力组织之间联合执法，违反了公权力之间以及公私权力之间的分工原则，连法理依据都不存在，实质上就是“一人执法，他人越权”。此外，联合执法往往是运动式执法，难以形成长效机制，且有可能弱化平时执法的力度。如果说行政机关之间的联合执法尚有一定的合理性，可在一定范围内保留的话，行政机关与企业之间的联合执法则必须完全杜绝。[1]

第二，由非常设机构行使行政执法权。《国务院办公厅关于加强电力设施保护工作的通知》（国办发〔2006〕10号）中要求，地方各级人民政府要切实负起责任，加强电力设施保护工作的组织领导，成立由政府分管领导任组长，发展改革、电力监管、公安、工商、林业、土地、建设等相关部门以及电力企业负责人参加的电力设施保护工作领导小组，落实职责分工，统筹研究保障措施，加强信息通报和交流，及时协调解决电力设施保护工作中的重大问题。有些地方电力立法对此也有规定，如《云南省电力设施保护条例》第7条规定，县级以上人民政府成立电力设施保护领导组织，负责本行政区域内电力设施保护的领导和协调工作。这种模式的优点是电力设施保护领导小组和下设的办公室属临时机构不会受行政编制等问题的困扰；存在的问题则是电力设施保护领导小组及下设的办公室不能以自己名义行使行政执法权，而只能针对不同的违法行为，分别由电力设施保护领导小组中的公安、工商、土地等部门以各自名义分别开展行政执法工作。在此过程中，电力设施保护办公

〔1〕吴鹏、范学臣：《“联合执法”的问题及完善路径》，载《中国行政管理》2006年第5期。

室仅是发挥协调、信息沟通的作用，因而并不能从根本上解决问题。

第三，为很多电网企业法务工作人员一直在呼吁的委托电网企业进行行政执法的模式。因为《中华人民共和国行政处罚法》第 17 条规定：“法律、法规授权的具有管理公共事务职能的组织可以在法定授权范围内实施行政处罚”。电网企业法务工作人员认为电网经营企业可以作为被授权的电力行政执法主体。该观点的理由主要为：①管理公共事务职能是指某一组织可以提供涉及全体社会成员公共利益的公共产品与公共服务，这一职能为个人无法或不愿完成，该职能的行使将使全体社会成员受益。电网经营管理的是公共物品，牵涉供区内全体公众的共同需求、共同利益，电网企业完全具备公共事务管理职能，符合行政处罚法的授权条件。②电力体制改革的重心是政企分开，通过立法授权将电力行政执法权交由电网经营企业行使并未改变其企业性质，不存在与电力体制改革的大方向相冲突的问题。③电网经营企业具有较充分的人力、物力等资源，且具有一定技术和经验，如能由电力企业来行使电力设施和电能保护的行政执法权，能够弥补当前电力管理部门电力行政执法能力之不足。④电网经营企业即使在体制改革后仍属于具有国家垄断和社会公用性质的企业，符合作为授权行使行政执法权的主体条件。如果以地方立法形式授权地方具有独立法人地位的电网经营企业行使该区域的电力设施和电能保护的行政执法权，则会使电网经营企业获得依法授权行使电力行政执法权的法律依据。

⑤通过法律法规授权获得的行使针对电力设施和电能保护的行政执法权有着严格的执法范围限定，作为被授权的执法主体，不得将行政执法权用于处理与其他民事主体的合同法律关系。〔1〕

上述观点和理由显然忘记了《中华人民共和国行政处罚法》第 19 条的规定，即受委托组织必须是依法成立的管理公共事务的事业组织。事业组织与企业的区别在我国是非常明显的。将行政执法权授予企业，一方面与法治社会的分权趋势不相一致，否则的话，中国铁路总公司也就不用拆分了；另一方面也有违“法官不能是自己的法官”之程序正义理论。电网企业作为供用电合同的一方当事人，同时又享有行政执法权，当电网企业与另一方发生纠纷时，必然难以抑制利用行政执法权来解决民事纠纷的冲动，从而集运动员与裁判员于一身。虽然有些电网企业的法务工作人员认为只要严格限定执法的范围，在处理与其他民事主体的法律关系时，要求执法主体不得行使行政执法权就可以解决上述问题。这种制度设计显然不具有可信性和可操作性。因为制度都是由人来操作的，书本上的法是一回事，行动中的法是另一回事，不依法办事的人有的是。法律不得已只能将所有的人视为坏人，从源头上进行防范，不让他享有干坏事的机会。至于电网经营企业具有较充分的人力、物力等资源，且具有一定技术和经验就更不是可以委托其进行电力行政执法

〔1〕 王君安、杨军、廉高波：《现行体制下电力行政执法模式探讨》，载《电力技术经济》2007 年第 4 期。

的充分条件。因此，这种呼吁除了得到电力企业内部部分人的附和外，在社会上基本上没有引起任何反响。实践中这种模式也从未得到采纳，甚至连试点都没有过。

第四，设立专门机构负责电力行政执法。如湖北省荆州市于2006年5月19日成立了事业编制的荆州市电力行政执法监察大队。荆州市的电力行政构架划分为电力行政调控、电力行政执法和电力行政监督三个管理内容。电力行政调控的工作由市经济和信息化委员会的电力科分管，电力行政执法和行政监督的职能则划归荆州市电力行政监察大队。该机构设有“一室三科”，即办公室、电力设施保护科、供电秩序保护科和监察科。主要职能为：负责电力设施保护、供用电秩序维护、电力执法监管，对涉电违法行为依法实施行政处罚。同时，市经济和信息化委员会还授权其办理和查处荆州市范围内的电力行政案件。[1] 这种模式的好处是彻底地解决了执法主体问题。存在的难点则有两个：一是机构和编制审批难，在缩编行政机关、精简机构的政府改革大趋势下，设立类似的行政机构难度较大。二是资金、技术方面的困难，即电力行政执法需要一定数量的专业技术人员，需要资金和技术投入，但政府部门在人员、技术和资金投入都存在困难。1998年8月，荆州电力局法制办公室会同荆州市经济贸易委员会相关人员对执法成本作过一次估算：当地政府在重新组建电力行政执法主体的过程中，对其场

---

〔1〕 张郑江、胡其河：《电力行政执法荆州破题》，载《国家电网》2006年第10期。

所、设施、技术装备等一次性投入需 1200 万元左右，日常执法成本每年需支付 800 万元~1000 万元左右。也正是因为这些原因，此后虽然也不断有人在采用此种模式，如安徽砀山县、宿州市、四川泸州市、古蔺县、陕西西安市、辽宁沈阳市等，但该模式并没有在全国范围得到普及，并且由于电力行政执法大队的人员有限，难以真正执法到位。

综上所述，目前的这四种模式均不完美，症结均在于未能有效解决“有能力的无权力，有权力的无能力”这一怪圈。如电力行政执法监察大队有权力，但没有能力；电网企业有能力，但无权力。

对于这个难题，笔者认为协同模式也许能够予以破解。通过协同模式来破解电力行政执法之难源于该模式在交通执法领域的成功应用。大城市乱停车是交通管理中最为头痛的问题。应对该问题的措施之一就是对乱停车的车主处以罚款。但乱停的车太多，交警太少，难以对乱停的车进行取证，不取证的话又无法对车主进行罚款。为疏导交通，很多地方都建立了交通安全协管员队伍。不过，交通安全协管员的人数虽多，但不论是地方法规还是公安部的执法规范，均规定其不得实施行政处罚和行政强制措施。如《北京市实施〈中华人民共和国道路交通安全法〉办法》第 79 条第 4 款规定：“市和区人民政府组建的道路交通安全协管员队伍，协助交通警察维护道路交通秩序，劝阻、告知道路交通安全违法行为。”《河北省实施〈中华人民共和国道路交通安全法〉办法》第 66 条规定，公安机关交通管理部门聘用的道路交通安全协管员，协助交通警察维护交通秩序，宣传道路交通安全法律、法规，但不得实施行政处罚和行政强制措施。公安部 2008 年 11 月 15 日出台的《交通警察道路执勤执法工作规范》第 5 条规定了，交通协管员可以在交通警察指导下承担以下工作：①维护道路交通秩序，劝阻违法行为；②维护交通事故现场秩序，保护事故现场，抢救受伤人员；③进行交通安全宣传；④及时报告道路上的交通、治安情况和其他重要情况；⑤接受群众求助。交通协管员不得从事其他执法行为，不得对违法行为人作出行政处罚或者行政强制措施决定。可见，“有能力的无权力，有权力的无能力”的现象在交通领域同样存在。

北京市对该问题的解决经历了从摸索到逐步完善的过程。2005 年 7 月之前，交通安全协管员可以用摄像机拍摄动态违法画面，如机动车走公交车道或“轧实线”，还可对违章停放的车辆贴条罚款。不过由于交通安全协管员执法身份不被认同，“贴条”常遭到司机抵制。此后，北京市交管局出台《交通协管员七条禁令》，叫停交通安全协管员“拍照取证机动车轧线、走公交车道”等权力，而仍保留了对违章车辆“贴条”的权力。由于交通安全协管员在乱停车辆上贴的是《违法停车处理告知单》，于是有车主以交通队委托交通安全协管员贴条并拍照取证属于违法将交通队诉至法院。尽管原告败诉，但直接张贴在车辆上的《违法停车处理告知单》确实给人一种交通安全协管员已经对车主的停车行为定性为“违法停车”的印象。2008 年 6

月，按公安部要求，北京交通管理局正式下发通知，停止交通安全协管员粘贴《违法停车处理告知单》的工作。自 2011 年 4 月 1 日起，交通安全协管员再次获得贴条权力，但所贴条的名称发生了重大变化。当他们发现机动车未在道路停车泊位内停放的，张贴的是《北京市交通协管员道路停车记录告知单》，同时填写《北京市交通协管员道路停车记录报告单》。在车辆前车门的玻璃上粘贴《北京市交通协管员道路停车记录告知单》后，通过相机或摄像记录停车事实，将报告单和图像视频资料报告交管部门，由交通警察审核确认属于违法停放机动车行为的，依法予以处理。从《违法停车处理告知单》改为《北京市交通协管员道路停车记录告知单》，不仅仅是一种名称的变化，更是一种行政执法方式的变化，即交通协管员的任务仅是对停车的事实进行取证，至于该行为是否违法，是否需要给予行政处罚，需交由具有行政执法权的交通警察进行认定，然后依法作出处理。在这个过程中，人员众多的交通协管员负责取证，人数较少的交通警察负责审核证据并作出最终处理，二者之间形成一种协作关系，“有能力的无权力，有权力的无能力”问题得到了较好的解决。

显而易见，只要对这种协调模式稍加调整就可以应用到电力行政执法中来。交通协管员是交通管理部门专门聘用的，需要给他们支付工资。电力行政管理部门受经费限制，既无能力也无必要额外聘请人员协助进行电力行政执法。通过制度设计，可以充分借用电网企业的专业技术队伍资源、技术资源。具体而言就是由电力行政管理部门同电网经营企业签订一个协作合同，约定当电网企业工作人员在日常工作中如发现存在违反电力法律法规的行为，如在电力设施保护区内修建建筑物，就可以按法定方式进行取证，然后将证据提交给电力行政管理部门，由电力行政管理部门对电网经营企业员工调取的证据进行审查，并对构成违法需要承担行政责任的行为作出处理。

这种模式下电网经营企业的行为有别于一些地方电力法规中规定供电企业的报告行为。如《云南省查处窃电行为条例》第 9 条第 3 款规定：检查中发现窃电行为应予处罚时，供电企业应当报告电力行政管理部门，由电力行政管理部门依照本条例第 12 条的规定处理。二者的区别主要表现在以下几个方面：一是供电企业报告行为的重点在于强调只有电力行政管理部门才有处罚权，并不强调二者之间在电力行政执法上的合作。二是这种规定并没有要求供电企业进行取证，很有可能供电企业仅是告知电力行政管理部门，具体的取证工作依然由电力行政管理部门负责。对于那些证据不立即调取就会灭失的违法行为以及电力行政管理部门取证不及时的违法行为，都将无法进行处罚。三是供电企业的报告行为一般仅发生在自己的利益受到损害时，协同模式下供电企业的取证和报告行为可以不限于本企业利益受损的情形，对协作合同中约定的其他违法行为均可以进行取证。